見えないものに、耳をすます
―音楽と医療の対話―

見えないものに、耳をすます
―音楽と医療の対話―

はじめに

稲葉俊郎先生とは不思議な縁です。そもそも最初は、野村萬斎さんのイベントで出会いました。その時の話がおもしろくて、もっとたくさん話してみたいなと思っていました。そんな矢先に、NHKから「SWITCHインタビュー 達人達」の話が来て、稲葉先生のことを話してみたら、トントン拍子に話が進み、おまけにこうして本まで出ることになりました。最初はただ話を聞きたかっただけなのに、どういうわけか稲葉先生との会話は、こうしてほぼすべて記録に残ることになりました。

自分はとことん現場の人間だと思っています。理屈はわからないけど、でも現場で何をやればいいかはわかる、そんなタイプの音楽家です。口より先に手が勝手に動いていて、あとからそれが何だったのかがわかることもあるくらいです。だからかもしれません。自分がやっていることの意味を無性に知りたくなるし、時々それを言語化したいという欲望にかられます。でも自分だけで考えて言葉にしても何かダメなんです。言い訳しているみたいになっちゃいますし、その言葉の意味に引っ張られて、自由に体が動かなくなってしまうこともある。

ずいぶん前になりますが、神戸の「音遊びの会」という知的障がいを持った子どもたちと一緒に即興演奏をするグループに誘われた時のことです。最初のうちは、障がい者にかかわるのが大変そうだなってのもあって「自分は音楽療法やら治療行為みたいなことは一切できないし、やりたくないから」って具合に頑《かたく》なに断っていたんです。でもまあ、いろいろあって結局はこのグループに参加することになり、いつのまにやら自分にとってすごく楽しい現場になっていきました。その時の経験が、後々自分の音楽やものの考え方にものすごく大きな変化をもたらしてくれたんです。そしてそれと同時に、自分が最初に持っていた障がい者への偏見みたいなものもなくなっていたんです。結局は自分が子どもたちに治療された、ということだったのかもしれません。稲葉先生と話しているうちに、そのことに気づきました。

先日、学校に行けなくなった十代の子どもたちが集まっているある病院のデイケアから、時々音楽をやりに来てくれないかという誘いを受けました。以前だったら「自分は教育者じゃないし治療みたいなことはできないから」と、まず断ったに決まってますが、今回は何の躊躇《ちゅうちょ》もなく「自分が必要とされてるならやってみよう」って気になりました。これも稲葉先生と話した影響かもしれません。

医療と音楽のあいだ……そんなことは考えたこともありませんでした。全然別ものくらいにしか考えてなかったんです。でも、稲葉先生と話していると、そもそも「医療」とか

「音楽」ってくくりが、いかに不自由な発想かっていうのが見えてきます。そして、その両者は実は別のものではないということも。そんな発想はそれまでしたこともありませんでした。自分だけで考えた言葉は自分を縛ってしまうこともあるけれど、稲葉先生のような人とのあいだから出てくる言葉は、自分を自由にしてくれるかのようです。それまで自分がとらわれていた「音楽」という言葉の縛りからも。読んでいるみなさんにも、この感じ伝わればいいなって思います。

大友良英

005　はじめに

目次

はじめに……001
第一章　トークセッションⅠ　―原点となる場所で……011
Side A　あたらしい、これからの医療　―小石川植物園にて……012
Side B　仲間はずれにしない音楽　―Gok Soundにて……076
第二章　トークセッションⅡ　―ある春の日にふたたび……123
第三章　コール＆レスポンス　―いま、お互いに一番聞きたいこと……223
稲葉俊郎から大友良英へ10の質問……226
大友良英から稲葉俊郎へ10の質問……234
僕たちの好きな音楽……250
僕たちの好きな本……256
おわりに……263

大友良英（おおとも・よしひで）

音楽家、ギタリスト、ターンテーブル奏者。1959年横浜生まれ。10代を福島市で過ごす。即興演奏、ノイズ・ミュージック、フリージャズ、ポップスに至るまで多種多様な音楽を作り続け、その活動範囲は世界中におよぶ。映画音楽家としても数多くの映像作品の音楽を手掛け、その数は80作品を超える。近年は「アンサンブルズ」の名のもと、さまざまな人たちとのコラボレーションを軸に展示する音楽作品や特殊形態のコンサートを手掛けると同時に、障がいのある子どもたちとの音楽ワークショップや一般参加型のプロジェクトにも力をいれている。2011年の東日本大震災後は、福島でさまざまな領域で活動する人々とともに「プロジェクトFUKUSHIMA!」を立ち上げるなど、音楽だけにおさまらない活動でも注目を集めている。震災から2年後に放映された、連続テレビ小説「あまちゃん」のテーマ曲を手掛け、日本中の人々に元気を送り届けた。2017年8月から行われる「札幌国際芸術祭」のディレクターに就任。自身も数多くの展示作品を制作。また、一般公募で集まった子どもたちとともにオーケストラを編成し、芸術祭の舞台に立つ。
http://otomoyoshihide.com

プロフィール

稲葉俊郎（いなば・としろう）

医師、東京大学医学部付属病院循環器内科助教。1979年熊本生まれ。心臓を内科的に治療するカテーテル治療や心不全が専門。週に一度行っている往診による在宅医療では、心臓以外の病気もすべて診ている。東京大学医学部山岳部の監督を務め、涸沢診療所（夏季限定の山岳診療所）も手伝い、夏には山岳医療も行う。医療の多様性と調和への土壌作りのため、西洋医学だけではなく伝統医療、補完代替医療、民間医療も広く修める。未来の医療と社会の創発のため、伝統芸能、芸術、民俗学、農業など、あらゆる分野との接点を探る対話を積極的に行い、講演・勉強会なども各地で行っている。2011年の東日本大震災をきっかけに、医療の本質や予防医学を広く伝えるべく、個人での活動を始める。音楽、絵画などにも造詣が深く、さまざまなジャンルにおいて医療との接点を模索。自身も絵を描いたり能を習うなどして、歴史や体と向き合っている。
https://www.toshiroinaba.com

＊第一章は二〇一七年三月十一日に放送された
「ＳＷＩＴＣＨインタビュー 達人達 大友良英×稲葉俊郎」（ＮＨＫ Ｅテレ）をもとに、
加筆・修正、再構成したものです。

第一章

トークセッションⅠ

原点となる場所で

Side A

あたらしい、これからの医療

――小石川植物園にて

二〇一七年三月十一日に放映された「SWITCHインタビュー 達人達」は、大友良英氏が稲葉俊郎氏の自宅を訪ねるシーンから始まった。稲葉氏の家で、レコードや本などのぎっしり詰まった書庫を見てひとしきり盛り上がったあと、対談の舞台となる東京都文京区の小石川植物園へ。江戸時代、多種多様な薬用植物が栽培されていたこの場所に、日本での〝病院〟の始まりともいわれる「小石川養生所」が作られた。園内の薬草の一部は治療などに用いられていたという。つまりここは、医師である稲葉氏にとって、原点ともいえる大切な場所。園内をまわってから、特別に許可をいただき、本館の一室にて対談は収録された。一月も終わりに近い、あたたかな一日だった。

医療の原点「小石川養生所」から

稲葉俊郎（以下、稲葉）　大友さんは「小石川植物園」に来たことはありますか？

大友良英（以下、大友）　初めてですね。

稲葉　ここは、人の手が入りすぎていないところがいいんですよね。今は東大の理学部が管理しているので、研究の目的もあっていろんな国の植物が植えられているんです。もともとは、八代将軍徳川吉宗の時代に作られた「小石川御薬園」という植物園で、その中に「小石川養生所」という施設が作られました。

大友　黒澤明監督の『赤ひげ』[*1]に出てくる、小石川養生所ですね。

稲葉　ええ。江戸時代には〝病院〟という概念がそもそもなかったので、当時、貧しい人たちを何とか助けたいという思いから生まれたのが、この養生所でした。「生を養う所」と書いて養生所。素晴らしい名前だと思いませんか。

大友　うん、いいですね。「養生」って、最近はあまり使わない言葉ですよね。

稲葉　貝原益軒《かいばらえきけん》という儒学者によって書かれた『養生訓』[*2]という本が、当時広く愛読されていたそうなので、流行していた言葉だったんじゃないかと思います。『養生訓』は、体だけでなく心の養生についてや、植物を育てるように生を「養う」ことが健康や長生きの秘訣だと説いています。園内には、東京大学医学部の前身となった東京医学校本館の建物自体が移築されて保存されていたりと、ここは医師である僕にとって原点ともいえる場所なんです。

大友 へえ。そんなつながりがあるなんて初めて知りました。

稲葉 小石川養生所の思いから東大医学部や東大病院が生まれたのに、今ではその関連性がまったく忘れ去られてしまっています。僕はここに来るたびに、こういう風景が病院や医療の原点なんじゃないかと思うんです。自然の中にいるとすごく元気になるとか、薬草で病気が治るとか、自然という存在や、自然と調和した生き方を思い出す場所こそ、生を養う場所になり得るんじゃないかと。本来ならば、ここはそういった場所だったはずなんですが、今は養生所として使われることもなく、植物と人間の関係性が途切れてしまっている。植物も人間も同じ生命体なんですけどね。

大友 『赤ひげ』や養生所のことは、医者を目指す前から知っていたんですか?

稲葉 大学に入ってからですね。東大に入って、東大の歴史を調べた時に、医学部や医療の歴史を知りました。僕は歴史がすごく好きなんです。歴史というと硬い印象になるかもしれませんが、悠久の時の流れであり、どうやってここまでたどって来たのかというルーツや源流のことですね。人類がどうしてこういうかたちになってきたのか、花や植物もどうしてこんなかたちで生きているのか。そういう最初の「原点」が知りたいんです。

大友 「そもそも、どこから始まったのか」という発想ですね。

稲葉 はい。今の医療がどういうところから始まって、今どっちに向かっているのかと考えた時、この場所に行き当たりました。『赤ひげ』にも出てきますが、養生所に住み込みながら、医療者も患者もみんなで暮らしていたようです。土間で料理をしたりしながら、養生と生活が一体になっていた。養生所のまわりは今と同じように広大な植物園や薬草園だったんでしょう。でもそれは、今から三百年ほど前の話なんですよ。

大友 そんな昔じゃないのに、そこからずいぶん遠いところに僕らは来てしまったような気がします。

稲葉 本当にそう思います。ここは都内でも風の音が聞こえる、いい場所なんですよ。

大友 風の音、いいですよね。

稲葉 普段の生活では、こういう音が聞こえなくなっていますよね。自然に囲まれた場所じゃないと、なかなか落ち着いて自然の音を聞くことがなくなってしまっている。

大友 風ってね、考えてみるとおもしろいんです。風自体に音があるわけではなくて、何かとぶつかって初めて音がする。

稲葉 そうですね。

大友　だから実際には、木の音だったり、屋根の音だったりするんだけど、僕らはそれを風の音だと思っている。空もそう。空ってよくいうけれど、実際には何にもない空間じゃないですか。

稲葉　実態があるわけではないですよね。

大友　風も空も実態は謎だらけなのに、僕らは勝手にいろいろ感じている。

稲葉　風とか、水の音とか、そういった自然の音は、何か人間の感情に訴えますよね。

大友　風や空に感情はないけれど、勝手に人間が何かを感じているんです。

稲葉　風に自分の内側の世界を投影しているんですかね。

大友　そこに感情をのせて勝手に怖いと思ったり、風の音に耳をすませたり。それってすごく不思議だし、人間っておもしろいなって思うんです。

＊1赤ひげ　原作は山本周五郎の『赤ひげ診療譚』で、江戸時代中期の享保の改革で徳川幕府が設立した小石川養生所を舞台に、そこに集まった貧しく病む者と懸命に治療する医者との交流を描く。一九六五年に映画が公開された。

＊2養生訓　福岡藩の儒学者・貝原益軒が一七一三年、八十四歳の時に書いた本で、彼の実体験に基づいた養生法が書かれている。

〝心〟を扱う、医師という仕事

大友 稲葉先生とじっくり話したいなと思った大きな理由は、自分とはすごく遠い場所で知らない世界の扉を開いてくれるような予感があったからなんです。それと同時に、考えていることが自分と近いなとも思って。

稲葉 そうですね、僕も近いと思いました。

大友 音楽をやっていると、医者とか科学者って、僕らとは対極の世界にいる人という気がするんですが、もっといろいろ話せたらおもしろいんじゃないかと思っていました。そもそも先生は僕よりずっと格好がミュージシャンっぽいですけど、お医者さまでいらっしゃる（笑）。

稲葉 はい、東大病院で医者をしています。専門は心臓です。内科と外科で大きく分かれるんですが、僕は心臓の内科を専門にする循環器内科にいます。

大友 外科は手術するところ？

稲葉 簡単に言うと、麻酔してメスで切って、手術で物理的に肉体の構造を変化させるのが外科です。内科はそれ以外の全般を扱います。僕がいる循環器内科というのは、内科と外科の中間というか、接点みたいなところを多く扱う場所なんです。今までは外科的に手術しなくてはいけなかったものを、なるべく患者さんの体に負担をかけないで治療をしようと発展してきたのが循環器内科ですね。

大友 なぜそれを専門にしようと思ったんですか?

稲葉 もともと心の問題とか人間の魂にすごく興味があったので、学生の時は精神科に行こうとも思っていました。体そのものも不思議ですが、「体を動かそう」と思えば動くこと自体も不思議で、「心」って何だろうと。「魂」にもまた違う語感がありますよね。心を深い場所で支えている魂って何だろうと。源流をたどるように好奇心が湧くと止まらなくなるんです。

大友 ご自宅の書庫にも、ユングの本がありましたね。

稲葉 ユングや心理学など、精神医学に関する本もかなり読み込みました。でも、それを自分の仕事として専門にするのは違うなとも思ったんですよ。医者といっても分野は本当に幅広いので、医学部に入ってからも進路はすごく迷いました。自分のためにも趣味として心の勉強は一生続けながら、仕事にするのは、逆にもっと物理的なことをやってみようと考えたんです。同じ「心」でも、「心臓」が血管に血液を送るその流れはまさに流体力学で、すごく数学的で物理的な世界なんです。だからある程度シミュレーションできたり、方程式で書けたりする。心臓は一分間に何リットルの血液を送り出しているかも数字で表せるし、ものすごく具体的なんですよ。

大友　なるほど。

稲葉　自分の専門にするなら、心という抽象的なものではなくて、物理的で具体的なものである心臓を扱いたいと考えました。天邪鬼《あまのじゃく》だったんですかね。

大友　心に興味はあったけれど、あえて心臓を選んだと。

稲葉　最終的には心や生命全般を探求したいんですけれど、自分自身の修行も含めて心臓を専門の仕事に決めた、という感覚があります。

大友　持って来てもらったこれは何ですか？

稲葉　これは「ステント」といって、心臓の血管の中に入れるものなんです。

大友　え、このビーカーの中のもの？

稲葉　はい。この小さく細長いものです。

大友　小さいバネみたい。

稲葉　心臓の血管というのは大体直径が三ミリくらいなんですね。このステントも直径が二・五ミリくらいです。心臓の血管が悪くなった時に、血管の中から入れて血流を良くして流れるようにするのが、このステントなんです。

大友　へえ。

稲葉　これ、今は広がった状態ですが、このままだと血管の中に入らないので、普段はバネみたいに圧縮された状態なんです。小さくなっているものを手首や足の付け根の血管から入れていきます。まず、〇・一ミリほどの髪の毛くらいの太さのワイヤーを心臓の血管の中まで通して、そのレールにのせてステントを心臓の血管の中に持っていきます。そして、血管の中でステントをパッと広げて、滞っていた血流の流れを良くする。すべて血管の中から行います。

大友 それがカテーテル治療？

稲葉 カテーテルは血管の中を通す道具のことで、これを使って治療するものは全部カテーテル治療になります。脳の血管とか、足の血管とか、腎臓の血管とかいろいろありますが、僕はその中でもとくに心臓の血管を専門にしています。

大友 僕の父が救急で運ばれた時にやってもらったのは、多分これだと思います。

稲葉 きっとそうですね。「胸が痛い」と救急車で運ばれて来た人がいたら、僕も夜中であってもパチッと目を覚まして、病院に行ってすぐに治療します。六十分以内に心臓の血流を再開させることを目標にしてがんばります。

大友 そうなると、やっぱり病院の近くに住まなきゃいけないんですか？

稲葉 そういうわけでもないんですが、すぐ病院へ行けるようなところに住んでおきたいなと思いまして。

大友 実際にそういうことって、結構あるんですか？

稲葉 緊急治療は週に一回くらいですかね。真夜中の寝ている時にというのは月に一回くらいです。夜中に呼び出されて、そこから自転車をこいで病院まで行って、すぐ緊急手術ということもあります。

稲葉 そうですよ。だから鳴るとすぐに意識が切り替わりますね。

大友 その時は寝ているわけでしょう? 枕元にいつも携帯とかを置いているんですよね。

稲葉 そうですよ。だから鳴るとすぐに意識が切り替わりますね。

大友 切り替わります?

稲葉 はい、あっという間に。

大友 それってつまり、お酒飲んでいる状態とかではいられないっていうことですよね。

稲葉 はい。だから僕はもうお酒をまったく飲まなくなっちゃいました。もともとそんなに強くなかったんですけど、二十四時間、つねにベストパフォーマンスをするために、飲まなくなりましたね。

大友 俺はね、飲めないんですよ、全然。若い頃はがんばって飲もうとしたんですけど、まったく無理でもう諦めて飲んでないです。

稲葉 いや、それがいいですよ、体には。

大友 でも、お酒飲まないミュージシャンって、何かちょっとイメージが違うのかもしれない。ちょっと荒れててほしいみたいな。

稲葉 健康的なミュージシャンってあんまり聞いたことないですもんね。

大友 でも、あんまり荒くれてる人って、いいミュージシャンになれないですよ、よほど

稲葉 天才じゃないと（笑）。ところでこっちの道具は何ですか？　すごく美しい。

工芸というか芸術作品のようですよね。これはカテーテルのさらに応用編になるんですが、「アンプラッツァー閉鎖栓」というものになります。大学病院では「成人先天性心疾患」という先天的な心臓の病気の診療も専門にしていて、たとえば心臓の仕切りの部分に先天的に穴が空いている病気（心房中隔欠損症）があるんですが、この道具で血管の中からその穴を閉じることができるんです。

大友 穴が空いているということは、仕切りの役目をなさなくなっている？

稲葉 そうなんです。生まれつきの異常で、壁としての仕切りの役目をなさずに、そこから血液が漏れてしまう病気です。以前は全身麻酔をして、胸を開いて縫う外科手術しかありませんでしたが、最近はカテーテル治療で、患者さんの負担を少なくして閉じられるようになりました。これもステントと一緒で伸び縮みするんですが、縮めた状態で細い筒状のものに入れて、足の付け根から通して心臓の中で広げると、壁の穴が閉じるという仕組みです。

大友 これで閉じることができるんだ。

稲葉 今までは生まれつき心臓に病気を持った子どもは小児科の先生が診ていましたが、成長していく過程で小児科だけでは限界がある。それで、成人の心臓を診ている僕ら循環器内科医も合同で診るようになりました。

大友 そうなんですか。

稲葉 血管の中から心臓のあらゆる場所の治療をしようというのが、僕ら循環器内科の専門領域として発達してきたんです。

大友 なるべく切らないで治す。

稲葉 はい。傷なんて本当に小さくて、針を刺した穴くらいしか残らないんですよ。

大友 実際、メスで切る手術というのは、身体的にきついものですよね？

稲葉 体の何ともいえない違和感として、術後、時間が経ってもいろんな訴えをされる方がいらっしゃいますね。胸を開いて肋骨を切ることになるので大手術になりますし。外科的な手術しか選択肢がない場合は仕方がないんですが、カテーテルで治療できるのであれば、患者さんのためにはなるべくそうしたほうが負担が軽いのではないかと思います。

大友 最近、発達したものなんですか？

稲葉 心臓のカテーテル治療は一九七〇年代から始まって、九〇年代に先ほどのステントが臨床応用されました。ここ数年でも進歩は著しいですね。

大友 じゃあ稲葉先生が医者を始めた頃と並行して、発展してきた技術だったんですね。

子どもの頃の愛の記憶

大友 医者を目指そうと思ったきっかけは？

稲葉 二歳くらいの子どもの頃までさかのぼるんですけれど……。

大友 そこまでさかのぼりますか（笑）。

稲葉 僕はもともと体がすごく弱くて、小さい頃、ほとんど病院に入院していたんです。小さい頃の思い出といえば、病院の天井の記憶くらいで。

大友 何の病気だったんですか？

稲葉 とにかく体が弱かったんですね。生命力が弱くて、感染症とかいろんな病気にすぐかかってしまって、何度も死ぬような体験をしました。ひとつ病気が良くなってもまた病気になるし、ちょっと元気になると、またすぐ具合が悪くなって入院してしまう。そんなふうに入退院をずっと繰り返していたんです。

大友 そうだったんですね。

稲葉 その頃からすでに僕の中で、「人生はこれで終わりなのかもしれない」ということを何となく感じていて。

大友 二、三歳で？

稲葉　はい、まわりの人が、そういうことを言っていたのが聞こえたんですよ。

大友　子どもって大人の会話の本質、意外とわかっていたりするんですよね。

稲葉　ちゃんとわかっていますよ。そしてしっかりと覚えています。だから僕は子どもに絶対ウソはつかないし、言葉でも態度でもウソはついちゃダメだと思っています。

大友　その時、まわりの大人は何て言っていたんですか？

稲葉　「この子はなんてかわいそうなんだ」、「死ぬために生まれてきたんじゃないか」と言っている看護師さんの声が聞こえました。でもその時、子ども心にすごく疑問に思ったんですね。僕はそれまで自分をかわいそうだと思ったことは一度もなかった。入退院を繰り返していて、ごはんも全然食べられないからガリガリにやせ細っていたけれど、ほかの誰かの人生と比較することがなかったから、こうした日常が僕にとっては普通だったし、体が弱いことに対して、とくに不幸だともかわいそうだとも思ったことはなかったんです。

大友　子どもって多分、自分が普通だって思いますよね。比べることをまだ知らないから。

稲葉　そうなんです。その時、僕は一晩考えたんです。僕は本当にかわいそうな人間なのかなって。

大友　うんうん。

稲葉　自分はかわいそうじゃないのに、看護師さんはかわいそうだと言っている。そうか、僕がかわいそうな人間だって言えば看護師さんは喜ぶんじゃないか、喜んでもらうためにも僕はかわいそうな人間になったほうがいいんじゃないか、ということを考えたのを鮮明に覚えていて。

大友 それが一番小さい頃の記憶？

稲葉 初期の記憶のひとつですね。僕はその時、一晩中ずっと天井を見ながら考えていました。点滴がポタポタと落ちるのを一滴一滴見ていたのを覚えています。朝まで寝ずに考えた結果、僕は「かわいそうな人間じゃない」と自分で決めたんです。

大友 自分で決めた？　自分の意思で？

稲葉 はい、かわいそうな人間だと言われているけれど、相手が思うようにかわいそうな人間として生きていくのか、そうじゃなくて自分の感性を信じて誰とも比べずに自分の人生を肯定して生きていくのか。一晩中悩み続けた結果、僕はかわいそうな人間じゃない、そもそもこの世界にかわいそうな人間なんていないんだ、ということを強く意識したのを覚えています。

大友 その年齢ですごい。死への恐怖みたいなものはなかったんですか？

稲葉 ほとんどなかったですね。「障子を開けて隣の部屋へ行く」くらいの感じに思っていました。僕の中では、この世とあの世はほとんどつながっているというか、重なっているような感じがしていて、全然怖くなかったですね。まわりの人の「死」

に対する話を聞いていると、自分の中の恐れの感覚が「死」と結びついているだけなんじゃないかと思います。そのふたつは本来、異なるものなんですけどね。そういう体験があったあとにもうひとつ、強く覚えている記憶があって。小児科病棟では、ベッドの下に付き添いの人が寝たりするんですが、僕の場合も母がずっと下で寝ていたんですね。

大友 ベッドの横で？

稲葉 いや、ベッドの下です。小児科ってそういう病棟が多いんです。看護師さんがずっといるわけじゃないので、母親が付き添ってベッドの下にマットを敷いて寝ていたのをすごく覚えていて。その時にふと「自分は生きることを求められているんだ」ということを強く感じたんです。「僕は愛されているんだ」と。母親や父親、姉、医療スタッフの人たちが、僕を生かそうとして、すごく必死にがんばってくれている。「これが愛っていうものなんだ」「愛されているから僕は生きなきゃいけないんだ」っていう強烈な記憶があって。僕はその時、「生きよう」と決めました。だからこうしてせっかく元気になったので、恩返しをしようと思って医者になったわけです。

大友 元気になったのはいつ頃からですか？

稲葉 小学校の低学年までは、体育の授業はほとんど出られなかったですね。だんだん体の調整がつくようになって、少しずつ、少しずつ元気になっていった感じです。

大友 今の生命力あふれる姿を見ていると全然想像がつかないです。

稲葉 大学生の頃には山岳部で山へ登ったり、クライミングや沢登り、冬山登山もしたり、かなりハードなこともしていましたね。でも自分の体が弱かった時の記憶や体験が深く残っているので、病気で苦しんでいる人たちの気持ちがわかる面もありますし、その人たちが見ている風景も理解できる。どんな人も必死で生きているんです。まわりが「かわいそうだ」とか「辛そうだ」とか言うけれど、そんなこと関係なく、真剣に生きているのに、と思います。それは誰とも比べることができないものなんですよね。

芸術から医療へ

大友 ご出身はどちらですか?

稲葉 熊本です。

大友 大学進学とともに上京したんですか?

稲葉 はい、すべてが真新しい体験で、東京は何だかキラキラしていましたね。熊本も大好きなんですけど、やっぱり東京に行きたいという願望がありました。

大友 医者になりたいっていうだけじゃなくて……。

稲葉 そうです、音楽とかアートとか。

大友 好きなアーティストのライブが観られる。

稲葉 そうなんです。絵画にしてもピカソ展は都市圏でしかやらないとか、ポール・マッカートニーなど海外のミュージシャンも東京だけでライブをやるとか、そういうことがうらやましかったですね。東京でしか体験できないものがたくさんあるから。

大友 その気持ち、すごくよくわかります。

稲葉 だから福岡や大阪や京都ではなくて、やっぱり東京に行きたいという憧れや不純な動機もありました。

大友 医者になろうとはっきり決めて動き出したのは、いつ頃からだったんですか？

稲葉 受験ギリギリの高校三年ですね。実は高二の頃まで芸術系に行きたいと思っていたんです。

大友 ええ！ そうなんですね。

稲葉 絵でも、音楽でも、ファッションデザインでも、建築でも、何かを創るという創造的な仕事に就きたかったんです。医者になろうと思ったのはいろいろなきっかけがありますけど、ある時気がついたのは、僕は芸術家という「職業」になりたいわけじゃないということ。芸術というものに携わりながら日々生きていきたいということが僕の人生の一番大事なところにあるだけで、職業にしたいわけじゃないんだということに高三の時、気づいたんです。じゃあ、何を仕事にするのかと考えて、医学の道に進もうと思いました。子どもの時に助けられたことをすごく感謝していましたし、その恩を無駄にしちゃいけないと思ったんです。

職業とは別に、自分自身の生き方として、何かものを創ったり絵を描いたり、音楽やアートで人を喜ばせたり、元気にすることは、誰からの束縛も受けずに一生やり続けたいことなんですね。

大友 いやー、すごいです。高校生でそこまで考えるなんて。

稲葉 それまでは芸術領域に行こうと思っていたんですが、むしろここで医師になる道を選ぶほうが逆に前衛なんじゃないかと思ったんですよね。つまり芸術の枠を越えていくことこそが、前衛的な生き方や表現なんじゃないかと勝手に思ったんです。でも東京にも行きたいし、医学部にも行きたい。東京にある医学部はどこも難しいのはわかっていたんですが受けてみようと。勉強からはかなり遠ざかっていた時期だったので、猛勉強しないといけない状態だったんですが。

大友 いやいや、僕も高校の時、音楽をやっていましたけど、音楽じゃなくて医者になろうと思ったとしても無理ですよ。勉強できなかったから。

稲葉 僕もかなり勉強しましたよ。

大友 勉強は好きだった？

稲葉 もう何かに突き動かされた感じでしたね。とにかくあの山に登らないと遭難して死んでしまう、というくらい必死な状態でした。

大友 それだけのモチベーションになるくらいの何かがあったということですよね。

稲葉 そうですね。二歳の頃の自分が突き動かしたんでしょうね。「お前はこの道に行くんだ」って。医学部を受験したいと僕が言った時、親が東京へ遊びに連れて行ってくれて、その時、東大にも行ったんですよ。安田講堂を見たり、構内を散歩した瞬間に「絶対ここに来る」というか「いずれ自分はここにいる」と思ったんです。でも、その思いと現実が全然釣り合っていないわけですよ。当時は全然勉強していなかったから。学校サボって、絵を描いたりレコード聴いたり漫画を読んだり、そういうことばっかりやっていて。

大友 そこまでは僕も一緒です（笑）。

稲葉 そんなふうにぐうたらしていたのに、その瞬間に「もう絶対に東大行かなきゃ！」と思い立って。でもその理想と現実の溝たるやすごいものだから、とにかく最低十二時間は勉強すると決めて、多い時は十六時間くらい勉強しました。目から血が出るんじゃないかと思いましたね（笑）。

大友　すごいなあ。そこが僕との大きな差ですね。

稲葉　一浪したので二年間勉強しました。まわりも、まさかあいつが東大に行くとは思わないわけですよ。でもそんなヤツでもがんばれば東大に行けるってかっこいいじゃないですか。

大友　かっこいいですけど、普通はできないですよ。僕もほとんど学校行ってなくて音楽ばっかりやっていたけど、まったくそっちには転ばなかったな。というか、そんな選択肢、想像すらしませんでした。

稲葉　熊本の県立高校から東大の理科Ⅲ類に合格する人はほとんどいなかったので、奇跡だと思われていました。絶対無理だと言われたけど、本当に僕のことを知っている人は「お前だったら絶対通る」って言ってくれた。数人ですけど。

大友　それは友だち？

稲葉　友だちとか先生とか、両親もです。「お前だったら何とかするんじゃないか」って。たとえ千人が無理だと言っても、たったひとりでも自分の本質を理解してくれて応援してくれる人がいればいいんです。たとえば親にしても、愛情を持って自分の本質をわかってくれている人が身近にいれば、どんな環境でもがんばれる。

大友　うん、それはすっごくよくわかる。

稲葉　時々言われるんですよ。「稲葉さんは体が弱くて特殊な環境で育ったから、ハングリー精神が培われたんだ」って。でもそんなことは絶対なくて。人間というのは幼少期は誰かに愛されて育てられないと、絶対に生存できない弱い存在なんです。たとえ今、どんなにいじめられてどんなに虐待されている人であっても、愛が基礎にない限り、生存できなかったはずなんです。弱さがベースにあるのが人間です。だから本当は誰もが毎日命がけの日々だったはずで、そうした過酷な一日一日を何とか生き残り続けたからこそ、今生きている。そのことを忘れているだけで、誰にでも命がけで必死に生きていく力は備わっているはずなんです。

大友　そうか、僕らは、忘れているだけなんだ。

稲葉　はい。僕にとってはもちろん、幼少期の頃の体験が、自分が生きていくうえでの核になっています。だけど、それはみんな同じで、ただ個々に持っている記憶や体験を忘れてしまっているだけなんだと僕は思っています。

人の体の全体性を診る

稲葉 僕が熊本で住んでいた実家は、加藤清正公を奉っている本妙寺という寺の参道にあるんですが、そこはもともとハンセン病の方が集まっていたところなんです。水俣に住んでいたこともあって、水俣病や公害の問題にも関心がありました。そういう意味でも医療とは何か、医療に何ができるのかということを昔から考えていましたね。医療というのは本来、人を幸せにするためにあるはずが、本当にそうなっているのかなと疑問を感じていました。

大友 水俣病もハンセン病も、いってみれば「弱者」というか、そういう医療をまっとうに受けられないような人たちに対する目線っていうのが、高校生くらいからあったんですか?

稲葉 そもそも僕がそうした弱い存在でしたからね。生き存《なが》えることができないような存在だったけれど、いろんな人の協力や愛情によって助けられたことが僕の原点にあるので、他人事とは思えなかったんです。しかも、こういった差別や偏見の基礎にあるものって、間違って認識していることや一方的な偏見を含めて、本当にちょっとしたボタンの掛け違いじゃないですか。いつ自分もそういう存在になるかわからないというのは、誰にでもいえることだと思います。誰もが社会的な弱者へと、立場が逆転する可能性がありますよね。

大友 そうですよね。いつ病気になるかわからないですし。

稲葉　生まれつき病気とともに生きている方も大勢いますし、誰もが突然病気になります。一夜明けると差別される側になってしまうかもしれない。自分が弱い存在だったことを強く覚えているからこそ、社会の中での立場なんて本当に薄皮一枚の差なんだとずっと思っていましたね。

大友　東大に入ってからはどうでした？

稲葉　興味を惹かれるゼミには学部関係なく、顔を出しましたね。法学部がやっている医療系のゼミや、宗教学の講義に出てみたり、大学院の哲学科のゼミに潜ったり。結局は既存のゼミに満足できなかったので、自分で学部を横断するゼミを作りました。いろいろな学部の教官や学生と、あらゆる領域にわたって朝方まで語り合うような自主ゼミもしていました。今でもその自主ゼミの活動はゆるやかに続けていて、古典の輪読会を定期的に開催しています。

大友　基本的な質問ですけど、東大は入ってから自分の専門を選べるんですか？

稲葉　そうですね。東大は駒場にある教養学部で二年間の教養課程があって、それまでは教養学部の理科Ⅲ類に所属しています。そのあと、本郷キャンパスに移って四年間の医学部医学科の専門課程に入ります。

大友　医学部って、二年のあとに四年あって、六年間なんだ。

稲葉　四年間の専門課程で全部の科を勉強するんです。精神科も眼科も循環器科も産婦人科も。

大友 ひととおりすべて勉強するんですね。

稲葉 国家試験もすべての科目から出るんですよ。国家試験に受かると、そのあとに二年間の研修医の修業期間があって、その時も全部の科を、たとえば一カ月ずつローテーションで回ります。

大友 臨床の現場を回るんだ。

稲葉 はい。机の上の勉強ではなく、医者になるための勉強を現場でやるんです。

大友 じゃあ最終的に自分の専門とする科を選ぶのは、そのあとになるんですか？

稲葉 そうです。医学部生活が六年、研修医生活が二年、その八年の修業のあとに専門を選ぶんです。その八年の間に何科にしようかじっくり考えるんですが、僕は心臓を専門に選びました。一度、専門を選ぶとなかなか変えられないんですよ。精神科に行ってから循環器科に行くとか、産婦人科に行ってから皮膚科に行くというのは簡単なことではなくて。だからこそ、どこに足を踏み入れるのかはすごく大事で、今も病棟に出ると研修医の先生がたくさんいて、みんなすごく真剣に悩んでいます。自分の一生というか、医者人生を何に捧げるのか。

大友 選んだものがその人の一生の専門になるってことなんですね。稲葉先生は選ぶのに迷いはなかったんですか？

稲葉 はい、なかったですね。僕はどこかの臓器という「部分」だけを診ることが医療だとは思っていなくて。人間や命そのものを扱いたいと思っていました。生まれてから成長して死んでいくという人生や命の全体性であったり、細胞や臓器だけでは説明できない体まるごとの全体性であったり、意識できるところとできないところも含めた心の全体性ですね。「部分」は必ず「全体」のためにありますし、「全体」は必ず「部分」から成り立っています。心臓というのは入り口にすぎなくて、そこを入り口として人間の全体性にこそ取り組みたいと考えていました。

大友 心臓はあくまでも部分のひとつだ、ということですね。そういえば心臓も「心《こころ》」って文字がつくじゃないですか。どうして「心」と「心臓」で同じ字を書くんだろうと思っていたんです。気持ちや心が動く時って、心臓がドキドキしますよね。実際に心臓が考えているんじゃないだろうなとは思うんですが、心も心臓も体の一部として、やっぱり切り離せないものなのかなって。

稲葉 はい。心臓も心も、人間という生命体の一部として存在しているわけですから。

大友 人間って、脳で考えたり、行動したりしているのは事実だと思うんですが、でも実際に僕が楽器を弾く時、もし脳で考えていたら、指が全然追いつかないはずで。次に何をやるかなんて、いちいち頭で考えていないんです。だけど自然に手が動くし、手に脳があるんじゃないかとすら思う。経験上、脳と手って、明確に分かれていないんじゃないかって。

稲葉 そうなんです、分かれてないんです。すべてつながっているのが人体というものなんですよ。さすが大友さんですね、すごい。

大友 いやいや。でも本当にそうなんですか？

稲葉 神経ってもともと情報を伝えるために、ひとつの細胞からできているんですね。ひとつの神経細胞が情報を受けて別の場所に伝える。この間の情報をやりとりする神経細胞が一個、二個、三個……とずっとつながっていって、それが数百億個の塊になってできあがっているのが脳なんです。そして、脳そのものと、背骨の中にある脊髄神経や体全体にネットワークで広がっている神経は、すべてがひとつにつながっているんです。

大友 ということは、神経は頭だけにあるんじゃなくて、樹木のように体じゅうに伸びていて、それらがすべてつながっている？

稲葉 そうです。厳密にいうと中枢神経、つまり脳と脊髄は完全に一体化してつながっています。感覚を脳や脊髄の中央部分へと伝える「感覚神経」というものと、処理された情報を手足などの末端部分へと伝える「運動神経」というものとは、情報のやりとりが化学伝達物質で行われるので物理的にひとつながりになってはいないんですが、脳や脊髄、頭から尻尾に相当する馬尾《ばび》神経までの中央部分は全部つながっている。しかも情報を伝える神経のネットワークとしてはもちろん体全部でつながっているので、手足などの体全体からの情報が中央へ入ってこないと脳がきちんと育たない。そういう意味では脳そのものよりも体全体から受け取られる五感のほうが大事なんです。脳は情報のやりとりによって育てられるので、周囲の環境そのものに大きく影響されているんですよ。

大友　へえ、そうなんだ。

稲葉　脳のほうが注目されやすいですが、僕はむしろ、体全体からどういう情報が入ってきて、どういう取捨選択がなされているか、ということこそ芸術や音楽にかかわる世界だと思っています。脳だけではなくて、五感に訴えかけて体が受け取る情報をより豊かにすることが、芸術の得意なところでもあると思うんですよね。たとえば、脳が取りこぼしたもの、見落としているもの、小さくて気づかなかったもの、そういうものを拾い上げて新たな視点を得ることができるのも芸術なんです。

大友　なるほどね。さっきの話でおもしろいなと思ったのは、心臓から血液を送り出すというのは物理的で数式的な世界だと。言われてみればたしかにそうだなと思って。先生が物理的なところから入っていったというのはなんとなくわかるんです。僕自身も音楽をやる時に、こういうコードを弾くと愛が伝わる、とは考えていないですから。伝わることはあるのかもしれないけれど、自分の場合はあくまでも何キロへルツの音が混ざるとこういう音がする、という考え方しかしていない。ただそれだけのことを僕らはやっているので、すごく物理的な世界なんです。

稲葉 音を出すという行為自体、物理現象でもありますもんね。

大友 そうなんです。振動を扱っているだけともいえる。その振動を僕らのやり方でコントロールして、音として機能させていくんだけど、やっている瞬間は心の動きとかではなくて、かなり身体的だったり物理的だったりするんですよね。

それぞれの3・11

大友 二〇一一年三月十一日の東日本大震災のあと、先生はすぐに福島に入られたんですよね？　当時の様子が書かれた記事を新聞でも読みましたけど、現地に行っても病院が機能していないし、医療機器も薬もない状況で。僕も福島で育ったので、何かできることはないかと思ってすぐに行きました。もちろん医療に携わったわけではないですが、行っても何をしていいかわからない。今までに経験したことのない状況で、自分に何ができるのか、今何が必要なのかということを、人生で初めて問われた気がします。先生はどうでしたか？

稲葉

僕は医療の専門家のひとりとして、自分なりに日々研鑽に努めて勉強して、毎日診療してきました。でも、本当にそれだけでいいのかなという思いは、震災前からずっとあったんです。自分がやっていることは、患者さんにとって本当に幸せなことなんだろうか、とつねに自問自答していました。それで西洋医学以外のいろいろな民間医療や伝統医療を勉強していたんです。そんな時に東日本大震災が起こって、僕もすぐボランティアに入りました。いろんな大変なことがありましたが、その中でも一番気になったのは、現地の病院スタッフや看護師たちの様子でした。病院がなくなって、カルテもないし、レントゲンなどの機械もないし、薬も何もない。だから一体何をすればいいんでしょうか、と途方に暮れている医療者と接することが多かったんです。

医療に携わる人間として思ったのは、こういう何もない時こそ、何でもいいから人のためにできることを探して、ベストを尽くすのがプロの医療者なんじゃないか、何もないところでも何かやるのが本物のプロなんじゃないか、ということでした。それはただ人の話を聞くとか、何か手伝うとか、それが極めて大事な医療行為だと思えば、間違いなくそれは医療だと思うんですね。

だからあの時、非常事態の中で、今の医療が抱えているけれど、ずっと見えないふりをしてきた問題が顕在化したんだと思っています。僕は自分がやってきた、西洋医学以外のさまざまな医療にまつわるものや芸術や文化への思いもさらに深めていって、同じ思いを持っている人たち同士でつながっていかなければいけないと思うようになりました。震災を大きなきっかけとして、自分の医療、ひいては現代医療の見直しをさせられたんです。

大友

僕はそれまで、音楽を作ることしか考えてきませんでした。基本的には、ただ音楽の世界の中にいて、やりたいことをやってきた。でも三月十一日のあの瞬間から、今まで考えもしなかったようなことがどんどん起きていくなかで、最初は何も決断できなくて、音楽で何かできるなんてあの時点ではまったく思っていなかった。「一体僕らは、なんて世界を作っちゃったんだろう」と責任を感じていました。僕はあの時もう五十歳を過ぎていましたから、誰かが作った世界じゃなくて、自分もこの世界を作った責任者のひとりなんだと。地震の発生は自然の営みだけど、それに付随して起こった原発事故を見ていると、「僕にも責任がある」と思ったんです。大げさかもしれないけれど、社会に対して大きな責任を感じたのは、生まれて初めてでした。自分のやっている仕事や音楽に対しては責任を取ってきたつもりだけど、もっと広く社会に対する責任なんてちゃんと考えてこなかった。その責任をどうやって果たしていくのか、僕なりに考えないといけないと思ったんです。

その後、福島に行って、大変な状況を目の当たりにして、自分に何ができるのかと考えた挙げ句、やったのが〝祭り〟なんですよ。僕は医療行為もできないし、放射能の除去もやろうとしたけど素人じゃ無理だとわかったから専門家に任せて、じゃあ僕は祭りをやろうと。それで「プロジェクトFUKUSHIMA!」を立ち上げたんです。

「祭り」がもたらす力

稲葉 僕も実際に、音楽にものすごく救われたという思いがあります。物心ついた時から、イヤなことや辛いことがあっても、音楽を聴いて、何か生きる力のようなものを得て乗り越えていくことができた。それってすごく医療的な行為だなと思っていたんです。たとえば目の前で自殺しようとしている人がいたとして、医療では止められなくても、大友さんがギターを鳴らしただけで止められる可能性はあるわけですよ。

大友 あるかなあ。

稲葉 ありますよ。芸術にはそういう力があるんです。だから、それは医療とは別の話とは思えなくて。誰かの命を救ったり、誰かを元気にしたり、そういう力があるはずだと僕は思っています。

大友 僕らはもちろん、医療のつもりで音楽をやっているわけじゃ全然ないし、自殺を止めるためにやっているわけでもないんだけど、そういうふうに機能することがあるというのは自分も身を以《もっ》て知ってはいます。僕自身、音楽がなかったら生きてこれなかったんじゃないかと思うから。

稲葉 そういう人、多いと思います。僕もそうです。

大友 今考えるとね、すごく救われたなと。十代の頃、音楽がなかったら、僕はきっとどこにも居場所がなくて、鬱《うつ》病になっていたかもしれない。音楽があったおかげで「僕にも居場所があるのかもしれない」と思えたんですよね。居場所があると思えることはとても大切で、それを作るだけでも医療なんじゃないかと、稲葉先生は言っているような気がします。

稲葉 そうなんです。僕ら医療者も「より良い医療」にしていくために、どうやって協力していけるのかを考えたほうがいいんじゃないかと思います。東北の被災地に行った時もそう思いましたね。大友さんがやった「プロジェクトFUKUSHIMA!」を通して、どれだけ多くの人が救われただろうって。

大友 あの時、何ができるかを考えに考えた結果やったことで、誰かを救おうなんて思っていませんでした。でも、あれをやって一番救われたのは、もしかして僕ら自身だったかもしれないなと思うし、その後、あれがきっかけで自分の次の生き方を決められたという話を聞いたりすると、「ああ、やってよかったな」と思います。

稲葉 やった直後は、本当にやってよかったのかどうかもわからなかったんですけどね。僕はその場には行けなかったんですが、そういうことが行われているということだけで、勇気や希望をもらいました。芸術活動って意図せずともそうした働きがあるんです。どんな作品でも、誰かの人生に良くも悪くも影響することがある。だからアーティストは自分や他者の心への働きかけに関して、もう少し意識的であってもいいんじゃないかと思っています。

大友 あの当時、こんな時に祭りなんてやっていいのかって、いろんな人にイヤというほど言われました。今はやってよかったと思っていますが、あの時は正直なところ、いいのか悪いのかわからないけど、切実に「祭りが必要だ」って思いました。「そうじゃなきゃみんな動けないじゃん」と思ったんです。

稲葉 僕も現地に行って、それは感じましたね。何かきっかけが必要というか。やっぱり祭りというのは、日本人の知恵ですね。

大友 そうだと思う。日本だけじゃなくて世界中に祭りやカーニバルってありますしね。その頃はまだ「あまちゃん」をやる前だったし、僕がやっているのはわかりにくい音楽だから、それを聴かせてもうるさいだけだろうなと思って。だったらそれよりも、みんなで一緒に祭りを作ったほうがいいなと思ったのが、そもそもの発想でした。

稲葉 そうするとね、だんだんとみんなが生き生きしてくるんですよ。たとえば、放射能を除去しなきゃいけないと思うと、どうしたらいいかわからないから、もう絶望するだけだった。だけど祭りとなると、みんな誰でも何かやれそうな気がするんですよ。ごまかすわけじゃなくて。人って立ち向かっても無理なものに対峙しようとするとへこたれちゃうけど、できることを楽しくやろうとすることで状況も良くなるし、向き合い方を考えられる。そういう意味で、祭りって人間が生んだ、すごい発明のような気がします。

大友 そうですね。どんな人でも平等に参加できますからね。知識とか経験もいらないですし。

稲葉 神輿《みこし》担ぎの専門家とかいないですもんね。得意な人はいるだろうけど、別に誰が担いでもいいし、盆踊りも誰が踊ってもいいわけだし。

大友 そうそう、歌もそうですよね。

稲葉 自分の得意なものをそれぞれが発揮できるんですよ。得意な人は歌えばいいし、大工さんだったらやぐらを作るとか、いろんな人の役目がちゃんとあるんですね、祭りには。「祭りってこういう意味なんだ」と改めて気づかされました。音楽をやっていると音楽だけで独立して考えがちですけど、祭りの現場を見ると、音楽はひとつの機能でしかない。音頭だけが独立した音楽作品としてあるわけじゃなく、神輿もやぐらも屋台の焼きそばやうちわを持って踊ってる人も、会場も提灯も全部含めて、どれひとつ欠けても、違うものになっちゃうようなものが祭りの現場なんです。「みんなが楽しく踊れればいい」と考えると、今まで自分がやってきたものとは違うものが見えてきたんです。それ以来、音楽だけを独立させて考えないようになりました。それ以前からテレビの劇伴*とかもやっていて、音楽だけを独立させないで考えるようにはしてたんですが、もっと大きく社会の中で考えられるようになった感じです。
だから、もしかして音楽も医療のひとつかもしれないという稲葉先生の考え方は、震災の前だったら理解できなかったと思うんだけど、今だと感覚的に「ああ、そうだよな」ってわかるようになりました。

稲葉

人間の活動はすべて、はっきりと分離できないものとしてあって、いろんな働きが含まれているということですよね。一部だけを取り出すと、それが音楽になったり、医療になったりするというだけで。

＊劇伴　映画やテレビドラマなどの劇中で流れる音楽。登場人物の感情や作品のイメージを音楽で演出する。

消費から生産へ

稲葉　僕たちは資本主義経済を生きていますが、それ自体が悪いのではなく、結果的にみんなが消費することに一生懸命になってしまったことが問題なんじゃないかと僕は思うんです。その中で、音楽も消費活動のひとつになってしまった。

大友　音楽家が曲を作って、お金を払って聴くというかたちができてしまった。

稲葉　でも本当に大事なのは、生産活動だと思うんです。かつての民藝運動では、誰もが文化や美というものの生産者であるという思想がありました。普通の人たちが、名声を期待するでもなく、ただ美しいものを生産していた歴史があったんです。消費活動ではなく、生産活動として、文化や美に誰もが取り組むことができた。大友さんの「プロジェクトFUKUSHIMA!」も、「こういうイベントをやるので、お金を払って見に来てください」というものではなくて、みんなで参加して作り上げていくことを大事にしていたし、僕はそれが今一番求められていることなんじゃないかなと思いました。社会が、消費活動から生産活動へと転じること。消費活動には果てがないし、上下関係や貧富の差が必然的に生まれます。電力もエネルギーも自然も際限なく消費されていく。災害や祭りを通して、誰もが何かしらの生産者であることを時代の転換点として求められているような気がするんです。大きなことじゃなくても、小さくささやかな、できる限りのことでいいんですけどね。

大友 音楽の原体験をたどってみると、子どもの頃に体験した〝宴会〟が僕にとっての最高の音楽体験だったんです。三、四歳の頃、当時、横浜に住んでいたんですけど、祖母の家に近所の人がいつも集まっていて、週末になると宴会が始まるんですよ。おじさんがギターを弾いて、僕たち子どもが「スーダラ節」を踊って。僕の中にある一番幸せな音楽の記憶はそれなんです。今はもうその集まりはなくなってしまったけれど、そこにはプロもアマもなくて、ただただ音楽がある場をみんなが楽しんでいました。それは今考えると、とても健全な場で、そこにいるだけで幸せだったんです。

稲葉 いいですね。

大友 自分の中にそんな記憶があることが、自分の生きる糧のようなものに無意識のうちになっているような気がして。だから記憶とか経験って、大事な医療行為のひとつというか、そうした「糧」がきっと薬のように作用することもあるんじゃないかと思うんです。そんなことも、震災を経験しなかったら考えなかったかもしれないですね。

西洋医療と東洋医療の違い

大友 東大病院で循環器内科にいらっしゃるのって、日本のいわゆる西洋医学として最先端のところなわけでしょう？　そういう先生が民間医療や伝統医療のことに興味を持っているのがおもしろいなと思ったんです。この人はどうして、そういうことに目を向けているんだろうって。

自分自身に重ね合わせると、僕自身は音楽のエリートコースを一切通らずに、自己流でやってきました。もちろん自分なりに学びつつ、師に付いたりもしました。そうやっていろんな世界を見てきて、それだけじゃない世界があるということはわかっていますが、西洋医学の第一線にいる人が、そうじゃないところの扉を開けているのがものすごくおもしろいなって。しかもそれが、よくある「西洋医療がダメ

稲葉　だからこっち」みたいな偏った話じゃなくて。今の時代だからこそ、それぞれの良さをどう生かしていくのかという方向へ行かないとダメだと僕も思っていて。まさにそういう話を稲葉先生がされていたので興味を持ったんです。

大友　人の生命や魂、体や心の営みの中でその全体性を考えた時、とりあえず良くなればいいという単純な話ではなくて、もっと長期的な視点で、どうしたらこの人はより良い人生が送れるのか、それにはどういうサポートができるのか、そういうことを真剣に考えると、西洋医療だけでなくいろんな選択肢があるわけですよ。

稲葉　実際に僕は、どうにもならなかった偏頭痛が鍼《はり》で治って、いわゆる西洋医療ではないものにとても助けられた経験があるんです。そんなこともあって医療にもいろいろあることはわかっているつもりなんですが、多分稲葉先生はそのすべてというか、あらゆるものに目配りをされていますよね。

大友　それぞれの医療によって、身体観や生命観、体や命をどう捉えているかという、そもそもの発想がまったく違うんです。本当はそうしたものの見方やそもそもの原理原則こそが土台や根っこにあるはずだと思うんですけど、つい枝葉となる技術的なことばかりに目がいってしまう。

稲葉　西洋と東洋の違いって、そういう技術的なことしか見ていませんでした。

大友　たとえば西洋医学的な考え方は「病気が治るから元気になる」なんですよ。だから

「病気を治しましょう」というのが西洋医学の発想です。かたや伝統医療などの東洋医学の考え方は、まず「元気になりましょう。そうしたら結果的に病気が治りますよ」という発想なんです。

大友　なるほど、なるほど。

稲葉　どこにフォーカスを当てるかがまったく違うんです。西洋医学というのは、まず「病気はこういうものだ」と定義する。その病気を何とかして治そうとすることが大きな目的なんですね。だから病気というものを、体にとっての侵略者のように考えて、それと闘う。つまり病気と闘ってやっつけてしまおうと考える。「闘病」という言葉もあるように、病気は闘うものであり、取り除くべきものであると考えます。でもそれは、自分の体を「戦場」として見ていることと等しいんです。病気という「敵」と、自分という「味方」が戦争をしている。だから、敵を撲滅して追い出しましょうというのが西洋医学的な発想の根幹にあるんですね。

それに対して、東洋医学の考え方というのは、そもそも人の体というのは「調和的な場」であると捉えます。生命とは、ある調和的な場を保つことによって生きている、と。たとえば病気になったということは、その調和の場が崩れた状態だと考えます。調和の場が崩れたから、病気や症状として現れる。だからそれをまたもとにあった調和のある場に戻していきましょう、と。そのために、自分の中の調和や健康というものを考えることから始めて、そこへ向かっていろんなことをやっていきましょうというのが東洋医学の考え方なんです。「体を治す」という目的は同じともいえますが、自分の体をどう捉えているのかという意味で両者はまったく異なるものなんです。

大友 なるほどねえ。

稲葉 さらに言うと、自分の体を戦いの場という戦争のメタファーで捉えている限り、この世から戦争は永遠になくならないと僕は思っています。つねに敵か味方かという発想ですべてを考えているわけですから。そうではなくて、自分の体や生命が、ある調和の状態からバランスが崩れた時、またもとの調和に戻していくためにはどうすればいいのか、そもそもどういう状態が調和なのかということを、みんなが自分の体を舞台にひとつのモデルとして考えていれば、戦争のような力による強引な解決法は、この世からなくなるんじゃないかと思っています。

自分自身のこのよくできた体というものを、不具合が起きた途端、突如として敵対視する。そういう発想がいろんな場面で反映されてしまう。たとえば鍼があったり、薬草があったり、いろんなものがあるわけです。それらは、自分の調和をもう一度取り戻すためのものであって、病気と闘うという考え方とはまったく違う発想だと僕は思います。

大友　僕が通っている鍼の先生は、〝バランス〟ってよく言うんです。だから、頭痛で通っているのに、頭だけじゃなくて全身に鍼を打つんですよ。とくに腰が悪いみたいで、その部分にももちろん打つ。それで本当に長年苦しんだ偏頭痛が治ったんです。頭痛科に通っていろんな薬をもらって、最初は効いたのにだんだん効かなくなって、もう仕事もできないくらいどうにもならなくなった時、ジャズピアニストの山下洋輔さんに鍼の先生を紹介してもらって。そしたら頭痛に効いただけじゃないんです。体のいろんなところが劇的に元気になった。それが僕にとって、西洋医療以外のものに触れるきっかけとなった出会いでしたね。

稲葉　人間をずっと観察していると、人間の体というものは、分かちがたくひとつにつながっていることがわかります。「頭痛がする」「おなかが痛い」「胸が苦しい」というのは、その人の体の中で一番感受性が高いところに、最初に発症して顕在化しているだけなんです。そこだけが悪いのではなくて、全体のバランスの中での〝歪み〟みたいなものを、敏感な場所が最初に察知してSOSを出しているというふうに僕は考えています。
結局、頭痛ってほとんどの場合、頭だけの問題じゃないんです。体全体の中で、その人にとって一番強制的にストップがかかる場所、たとえばそれが頭痛として、体全体のアンバランスな状態が表に出てくるんだと思います。

大友　そうなんでしょうね。僕は鍼灸に通い出してから、生命力が上がった感じがしていて。頭痛以外も調子良くなりましたから。今でも鍼は大嫌いで注射も怖いんです。すごく怖いのでずっと目をつぶってるし、いまだに治療院の玄関は、覚悟を決めないと入れないいんですけど。でも自分が、苦手だけどいいと思うものに向かい合うことや、先生と話すことだけでもなぜか元気になった気がするんですよね。

稲葉　「頭が痛い」となったら、頭のことばかりに集中しちゃいますけど、そうすると余計に意識が向いて痛みが強くなるということが起きてしまいがちです。だけど優れた医療者というのは、対話をしているだけでスーッと視点を引いて、部分だけではなく全体に目を向けさせてくれる。そうしたプロセス自体だけでも痛みを緩和する効果があるような気がしますね。

能から体を学ぶ

大友　稲葉先生は能を習ってらっしゃるんですよね？

稲葉　はい、そうです。

大友　いつ頃からですか？

稲葉　本格的に能楽師の先生に一対一で習い始めたのは二年くらい前ですね。能楽の世界は、学生の頃からすごく興味を持って観ていました。すごく謎めいているんですよ、能って。理解を超えた、謎に満ちた世界を理解したいと思って、最初は正直まったくよくわからないまま観ていましたね。ただ、強烈に惹かれるものがありました。だから、定期的に通い続けたんです。

大友　何かよくわからないけど、おもしろいものってありますよね。

稲葉　あります。でもそれってやっぱり、自分にとって惹かれる何か理由があるわけじゃないですか。それってすごく大事だと思います。惹かれているという事実だけで、すでに半分足を踏み込んでいるんですよ。いろんなきっかけがあって能を始めたんですけど、その大きな理由のひとつが震災での体験でした。

大友　そうなんですか。

稲葉　純粋に体の動きに関してや古典の世界に惹かれた面もあります。なぜ、ああいった特殊な動きをするのか。しかも歳をとればとるほど踊りや舞が上手くなっていくのも不思議で。でも、能を習い始めた一番の理由は、「鎮魂」を扱っている芸能だということでした。亡くなった人に対して遺された人がどう弔うか、それは日本ではずっと昔から能の世界で表現してきたことでもあったんです。

震災のあと、福島に行って、亡くなられた方々に接して、自分の中で「鎮魂とは何か」ということに直面しました。多くの方々の死をどう受け止めて、次に伝えていくのか。それを切実な問題として、改めて感じたんです。とても大事なことなのに、日本の医療や医学の歴史を見ても、そういうことを真正面から扱ってこなかったんですね。だけど医療の枠を広げて見てみると、芸能の世界では、能がその役割を担っていた。だから、能についてもっと知りたいなと思ったんです。自分で実践的に学ばないとわからないいんじゃないかと思って。

大友 実際にやってみようと。

稲葉 ええ。頭で理解するんじゃなくて、自分の体感として理解したくて始めました。

大友 やってみてどうですか？　見えてきたものはありましたか？

稲葉 いろんなことを日々発見していますね。能から学ぶことが多すぎて、挙げきれないくらいありますけど、能の作品を演じながら、体の動かし方や声の出し方など、自分の体の知らなかった動きを知ることになりました。普通の歌とは声の出し方もまったく違いますし、腹の底から地響きのように声を振動させて出す。音の意味ではなく、音の響きで表現している。謡の世界はその響きを振動として観客が浴びているんです。

大友 なるほど。

稲葉　そういうのって実際に学ばないとわからないと思いましたし、能は観るものではなく、やるものなんだと思います。みんながやったらいいんじゃないかって。外から見て学ぶことと、実際に体験して中の世界から学ぶことでは、学びの質が違います。能は鎮魂を含めてあらゆる要素を含んでいる世界なので、それぞれの立場で、体験から学ぶことは多いと思いますね。

大友　能だけじゃなく、伝統文化や音楽に共通することで僕が感じているのは、音の質のこと。僕らが今やっている音楽って基本的には電気なしには成り立たないんです。マイクもスピーカーもそう。でもそれってこの百年くらいのことで、その前とそれ以降で何かが大きく変わったような気がしていて。

稲葉　うん、そうかもしれないですね。

大友　それは僕が一番好きなジャズにしてもそうで。電気が入ったことによって音楽の質が変わりました。それはエレキギターを使うとかそういうことではなくて、マイクを使って音が聞こえやすくなることで、全員の音量が物理的に上がったんです。それ以前のジャズと今のジャズでは音量が全然違っていました。今だとドラマーが思いっきりドラムを叩いてもピアノの音が消えることはありませんが、昔はドラマーが思いっきり叩くとピアノの音が消えてしまうから、音量を調整しながらアンサンブルをしていました。それはジャズだけじゃなくてあらゆるジャンルの音楽にもいえることで、音を生でどう響かせるかというのが、その音楽の最重要アイデンティティになっていたんです。

稲葉 そうなんですね。

大友 そこの場で音や声をどう響かせるかが、その音楽の個性にもなっていたはずなんです。でも、マイクやモニタースピーカーを使うことで、そのバランスはまったく変わってしまいました。今は一九二〇年代のジャズミュージシャンのように演奏をすることはもうできない体になってしまったんです。

稲葉 得たものもあれば、失ったものもありますね。

大友 うん、得たものももちろんあります。それまでにできなかった非常に細かい音まで全部再現されるようになった。それはちょっと西洋医学とも似ているところがあって、医療技術が進歩したことで、今まで決して治せなかった病が治せるようになったように、音楽もそういう違いが明らかにあるなって思いますね。

日本における医療の歴史、「道《どう》」

大友　以前、稲葉先生とお会いした時に言っていた、「日本にはそもそも医療がなくて、違うかたちで存在していたんじゃないか」という話、とってもおもしろいなと思ったんです。

稲葉　日本の医療の始まりを調べた時、教科書を読むと日本の医療の歴史は、仏教とともに中国の文化が入ってきたところから始まるんですよ。じゃあその前には何もなかったのか？　と不思議だったんです。

日本の医療の歴史としては、まず、仏教とともに渡ってきた漢方などの中医学がありました。その後、世界との貿易が始まって、大航海時代になってオランダから蘭学が入ってきて、それが『解体新書』として翻訳されました。明治時代にはドイツ医学、アメリカ医学が入ってきて、今の日本の医学があるわけです。そう考えると、日本にはもともと医学というものはなくて、外国から来たものを、ただそのまま受け入れていただけなのか？　と疑問に思ったんですね。

大友　今の話だと、全部よそからやって来たものを取り入れてきたってことですよね。

稲葉　そう、全部よその人たちの考え方なんですよ。本当にそうなのかなと思って医学の教科書を調べても、その解答は全然出てこない。でも、医療から少し視点を引いて、日本の文化や芸術も含めて、体や心の知恵のことを広く捉えてみたんです。

そもそも医療の本質というのは、体や心の全体性にかかわるもので、その人を健康にしたり元気にしたりするものだと思うんです。では日本において、一体どういうふうに体や心を扱ってきたのかといえば、芸術や芸能、「美」の世界に持っていたのではないか。それが日本の医療の表の歴史に出てこない、体や心に関する叡智なんじゃないかということに気がついたんです。

たとえば体の調子を整える時、それを病気を治す技術と位置づけることもできますが、古来、日本人はそれを医療として捉えるのではなくて、自分の人格の発達や人として成長していくプロセスの中に、心や体の問題があると考えた。それに取り組むことで自分の体の調和や全体性を取り戻すことにつながると考えていたんじゃないかと思ったんです。その結果、「道」というものを作っていったのではないかと。

大友 「道」というのは？

稲葉 武道、弓道、茶道、華道、書道など、日本の伝統文化のことです。

大友 ああ、本当だ。全部「道」ってつきますね。

稲葉 体の専門家である医師から見ても、それらの営みには注目すべき動作や技がいっぱいあるんです。たとえば書道でいうと、「墨をする」という行為ひとつとっても、とても瞑想的で心を鎮めることができる。書く時もちゃんと姿勢を整えないと、線をまっすぐ引けませんよね。よじれたり、ハネがおかしくなったりする。だからまず、姿勢を整える。

大友　たしかにそうですね。

稲葉　姿勢を整えて、体と心の状態を整えて、そこで初めて自分の字が書ける。僕はそれって極めて医療的だなと思ったんですよ。体や心を整える技そのものが。

大友　つまり文字を書くことを通して、まず体の「型」を作るところから整えていくと。

稲葉　そうなんです。「型」さえ作れば、あとは自《おの》ずからその人の文字が現れてくる、という発想なんですよ。弓道にしてもアーチェリーみたいに力や道具に頼るんじゃなくて、体の「型」を整えて、その動きに従ってやると、本当に九十歳の人でもパッと引けて真ん中に当たる。それは当てるんじゃなくて、自然とそこへ向かっていく、という発想なんです。「道」というのは、自分の体をいかに使うかということを追求した技術や叡智の集大成なんですよ。

大友　なるほど。

稲葉　能も同じように、とにかく「立つ」「歩く」という基本的な動作がとても大事なんです。伝統文化の中にある動きって、実は基本的な動作ばかりなんですね。学校の体育の授業ではそういうことってまったくやらないと思うんですけど、いかに立つか、いかに座るか、いかに歩くか。体の動きの一番基礎となる根本的なことだけをとにかくやりなさいと、能では習います。体が整えば心も整うし、心が整えば体も整う。まさに、体を「調和」の場として捉える発想がここにあるなと。

大友 その部分だけを抜き出すのではなくて、全体の中で捉えることも必要ですね。

稲葉 ええ。その医療的な部分だけを抽出してしまうと、また違うものになってしまう。だからこそ、能というひとつの形式に統合されているのだと思います。

大友 きっと音楽も一緒だと思うんですが、そもそも「音楽」って言葉が普及したのは最近のことなんです。それまでは音楽だけを取り出して捉えてはいないんですよ。僕らが生まれる前の、明治、江戸……とたどっていくと、もちろん音楽は存在するけれど、音楽とはいわず、たとえば祭りの中のひとつとしてお囃子《はやし》があった。それだけをコンサートホールに持っていくというような発想は、当時はなかったはずです。コンサートホールで純粋に音楽として聴くというのは、とても西洋的な発想だと思います。

稲葉 医療的なものだけを抜き出すように、各部分に分けていく発想ですね。

大友 部分に分けて、それを特化させて、進化させていくというのもおもしろい発想だと思うんですが、多分日本にはそういう発想がそもそもなかったんでしょうね。たとえば、宮廷の儀式に「雅楽《ががく》」があるけれど、それはあくまでも儀式と一体のものであって、雅楽だけを取り出して楽しむということはおそらくなかったはずなんです。

稲葉 生命の進化の歴史って、専門分化していく歴史でもあるんですよ。もともと単細胞だった生き物がどんどん複雑化していく過程で、肝臓や腎臓や脳や心臓など、ある役割を担う専門の臓器へと枝分かれしていきます。細胞たちが寄り集まり、「私は肝臓の役割」「私は心臓の役割」と、どんどん分かれていく。

大友 細胞が専門分野を選んで、その専門家になっていくわけですね。

稲葉 そうなんです。そこで一番大事なことは、生命の歴史が「専門分化の歴史」であると同時に、それは「調和の歴史」でもあることなんです。多様性は調和と必ずペアになっていて、分化した臓器が協力して調和していかないと、生命としては成り立たない。肝臓や腎臓だけが独立して、単独の生命体としては存在できないわけです。あくまでも人の全体を成立させるために役割分担していった専門家であり、体の部分のひとつなんですね。今はどちらかというと、いろんなジャンルでどんどん専門分化していくことに熱心ですが、枝分かれすることで終わりなのではなく、全体としてどう協力していくかのほうが本当は大事だと思うんです。

「専門分化」というのは、全体が複雑化したために役割分担をして全体を生かすことが目的だったはずで、多様性には協力原理がセットになっていないと、何のために専門分化したのか、本来の意味を忘れてしまいます。今はむしろ対立したり、分離してバラバラになるために専門分化しているようで、調和や統合の力が働いていないんです。僕は医療においてもそういう問題を感じています。それぞれの得意分野で役割分担をする。それはそれぞれの長所を生かすためであり、全体を生かすためである。それが生命の歴史で表現されている多様性と調和、そのものだと思います。

出せる音で、音楽を作る

稲葉 大友さんの活動の中で素晴らしいなと思うのは、いろいろな異質な人たちをひとつのテーブルに集めて一緒に音楽をやるじゃないですか。あれが本当にたまらないし、まさに音楽の神髄だと思うんですよね。

大友 なんかね、やりたくなっちゃうんですよ。

稲葉 今年の夏、札幌で子どもたちとオーケストラをやられるんですよね？

大友 そうなんです。僕はこれまでいろんなところで、一般の人たちと音楽プロジェクトをやってきたんですが、札幌国際芸術祭*のディレクターをやることになった時、まずそれをやりたいと思ったんです。おそらく多くの人は、僕が子どもたちにすごい音楽教育を施して音楽のレベルをどんどん上げた音楽をやることを期待していると思うんですけど、僕がやりたいのは、楽器ができる子もできない子も集まって、何かのモデルに近づくんじゃなくて、集まった子たちが自分たちで考えながら音楽を作れるようにすることなんですよ。

稲葉 いいですね。

大友 もちろん僕は手伝うし、ヒントもいっぱい与えますけど、大人たちがモデルを示すんじゃなくて、最終的にこれは自分たちが考えて作った音楽だといえるものができたらいいなと思っていて。それが、今回の札幌国際芸術祭でやりたいことの根幹です。有名アーティストが作品を持って来て見せるだけが芸術祭だとは思っていないですね。

稲葉 音楽のプロではない子どもたちと一緒にやるうえで難しいことってありますか？

大友 簡単か難しいかといわれると、プロでも素人でも難しいですし、どちらがどうということでもないんです。ただやり方を変えなくちゃいけないのは、プロとやる時は相手が当然楽器ができる前提だけれど、一般の人や子どもたちとやる時はまず相手が何ができるのかを最初に察知しないといけないことかな。たとえば、いきなりタクトを振っても固まってしまう人もいるので、相手がのびのびとできることは何だろうというのを見極めます。ギターを買ったばかりという人がやっと押さえられるコードがあって、「ポーン」と鳴らすのが精一杯だとしたら、それで音楽を作ればいいんですよ。ひとりだけだと音楽は成り立たないけれど、もうひとり「ジャカジャカジャカジャン」と弾ける人がいれば、アンサンブルを組んで何かしらの音楽になる。

稲葉 音が重なっていくということですね。

大友 そう。音が重なれば、必ず何か生まれるんです。曲をやるとなるといきなりハードルが上がっちゃうんですが、チューニングを合わせて、ふたりでリズムを合わせて弾いただけのセッションでも十分楽しいじゃないですか。

稲葉 うん、楽しいです。

大友 そのくらいまでハードルを下げれば、音楽は誰でも可能だし、ハードルは下げても別に音楽のクオリティは決して落ちないんです。アマチュアがやるから落ちるということはない。だから楽器ができる、できないというのはそんなに大きな問題ではないんです。

稲葉 僕らが思っている音楽って、学校の授業の影響かもしれないですけど、楽器が上手く弾ける特殊な人たちがやるもので、それ以外の人たちはお金を払って観るというイメージです。でも大友さんがされている、一般の人たちもどんどん巻き込んで作っていく音楽というのは許容度が広いというか、可動性に富んで柔軟な、今までの感覚にはない発想だと思うんです。

大友　そこに関しては、すごく自信があるんです。十人いたら全員が素人でも音楽を作ることはできるって。十五分、僕にくれればいい。どんな人でも最低限、音は出せるので、その出せる音で音楽を構成していけばいいんです。あとは、やる人たちが自分たちで音楽を作っているという実感を得ないとダメで、ただ音を出して前衛的なめちゃくちゃなことをやっても音楽をやっている実感は得られない。ではどうやって実感を得られるかというと、音楽の要素、つまりリズムを合わせるとかハーモニーを鳴らすとか、取っ掛かりが何かひとつあればクリアできるんです。僕はそれで十分楽しいし、聴いているほうだって楽しくなると思うんですよね。

*札幌国際芸術祭　札幌市内で三年に一度開催される展覧会、音楽ライブ、パフォーマンスなど多岐にわたる芸術祭。二回目を迎える二〇一七年は、大友氏がゲストディレクターを務める。

多様性と調和の世界

大友　日本ってちょっと変わった土地ですよね。アジアの中にあって東洋の文化圏でありながら、本来だったら西洋の文化と全然違う文脈だったところにものすごい勢いで、かなり高度に西洋の文脈を取り入れてきた。そのために、混乱したところもあると思うんです。もともとあった伝統医療の世界に、西洋医療が入り込んできたこともそうかもしれません。音楽にしても、明治、大正、昭和と時代が進んでいくなかで、それまでの日本にあった音楽よりも西洋から入ってきた音楽が圧倒的な力を持って席巻していったんだと思います。今や古典的な日本の音楽はマイナーなものにすら思えるけれど、でも完全に消えたわけじゃなく、僕らの音感やリズム感の中にその痕跡はしっかり残っています。だから僕らは、少しがんばればその両方が見える可能性もあるはずなんです。今、この時代に生きる人間にとって、多分この先を考えていくのに、そういう視点ってすごく必要なことだと思う。

稲葉　そうですね。

大友　それは、自分が拠って立つ文化そのもの、歴史も含めて考えていくことでもあって。単純に日本的なものを取り戻そうみたいなことではなく、そうした複雑な文化のあり方を身を以て体現している僕らだからこそ見えることもあると思うんです。この先もっと世界中が協力していかなきゃいけない中で、優劣ではなく、統合というか、いろいろある文化とどうやって共存していくかというのは、本当に戦争をなくすという意味でも、この先ずっと人類の大きな課題なんだと思います。

稲葉 本当にそうですね。生命の歴史って四十億年くらいずっと続いてきて、一度も途切れたことがないんです。途切れていたら人類は存在していません。なぜ四十億年という宇宙的な規模でずっと生命が続いているのかというと、やはり一番大事なのは多様性と調和なんです。

大友 うん、多様性。

稲葉 多様性があったからこそ、どんな環境にも一部の生命が生き残って、それでまた多様性が担保されていく。多様性があるからこそ、生命の循環の中で調和を保っている。その原理がずっと過去から続いているから、僕ら人類も誕生することができたのだと思います。生命の歴史をひも解くと、苦難と奇跡の連続で、よくここまで途切れずにつながってきたなと、本当に感動します。多様な生命世界の中のあくまでもひとつとして人間が存在している。四十億年という長い歴史の中で、命の深いところにずっと流れてきたその生命原理について思いを馳せることが、これからを生きる僕たちにとって、新たな視点を与えてくれるんじゃないかと思っているんです。

大友　おもしろいですね。生命の話でいうと、かつては弱肉強食ってよくいわれたけど、生命原理って、決して弱肉強食じゃないですよね。

稲葉　それは都合よく解釈して、弱いものは負けていいんだという主張をしたい人がそれを利用しただけだと思いますね。生命の原理ってもっと精妙だし、循環していてすべてがリンクし合っていますし。そういう生命の深い理解に至ることが、僕は大事だと思うんです。生命をずっと受け伝えてきた中に人間もいるからこそ。

大友　その話を聞いているだけで元気になりますね。「あ、大丈夫だ、俺も生きていられるな」って思う。僕らがここにこうしていること自体が、奇跡なんだなって。

Side B

仲間はずれにしない音楽 ——Gok Soundにて

さまざまな楽器に囲まれた薄暗いスタジオ。ここは、大友氏が二十年以上前から通い続ける、ホームグラウンドともいえる場所。初めてこのスタジオで録音したのはバンド「グラウンド・ゼロ」のファーストアルバムだった。ほかにも映画音楽を初めて手掛けた『藍風筝（邦題：青い凧）』など、音楽家として大きなターニングポイントになった大切なアルバムはすべて、このスタジオで録音された。自分の音楽の原点ともいえる場所で、後半の対談が行なわれた。対談のあと、稲葉氏が持っていた不思議な楽器を取り出し、自然とセッションが始まった。番組では一部しか放映されなかったが、ふたりの紡ぐ音楽の世界にスタッフ一同、吸い込まれた。不思議な鐘の音色と、やさしいギターの旋律が重なり、美しいメロディーを奏でていた。

音楽なんて大嫌いだった

稲葉 大友さんは、そもそもなぜ、音楽の道に入ろうと思ったんですか？

大友 子どもの頃は音楽家になるなんて夢にも思わないくらい音楽が嫌いだったんですよ。小学校の音楽の授業が原因なのかな。僕は音楽ができないと思い込んでしまっていたんです。それとは別に、小学生の終わりくらいからラジオの深夜放送をこっそり聴くようになって、歌謡曲とかアメリカンポップスにすごくはまり出した。その時も楽器ができるわけじゃないし、音楽家になれるとはまったく思っていませんでしたね。父親がエンジニアだったので、サウンドエンジニアに最初は憧れたんです、これならできそうだと思って。でも結局は音楽がやりたくて、中学生になると僕も安いフォークギターを買ったんだけど、Fのコードが押さえられなくてやっぱり挫折して……。高校に入ったら今度はバンドがやりたくて、それでエレキギターを買ったんです。

稲葉 その時は、どういうバンドだったんですか？

大友 最初はロックをやりたかったんですよ。高校にロックをやっているギター部というのがあったんだけど、そこはもう人がいっぱいで、とてもじゃないけど僕が入ってもステージに立てそうになかった。だからちょっと廃れていたジャズ研に入ったんですよ。

稲葉 当時はどういう音楽が流行っていたんですか？

大友 ロックはね、レッド・ツェッペリン、ディープ・パープルが全盛の時代。ビートルズが解散したちょっとあと。僕が好きだったのは、ジミ・ヘンドリックスとかジェフ・ベックでしたね。稲葉先生の家にもあったジェフ・ベックの『Ｂｌｏｗ Ｂｙ Ｂｌｏｗ』にはまったのは高校一年の時で、純粋に憧れていました、ロックミュージシャンに。

稲葉 僕もです。自分が音楽をやることにはならなかったですけど、やっぱりスターでしたよね。ああいうふうになりたいっていう。

大友 かっこよかったですよね。あとは女の子にモテたいっていう気持ちもすごくあって。思春期は、九割以上それが占めていますよね。

稲葉 原動力はね（笑）。ステージに出て「キャー」って言われたいっていう、当時のモチベーションはそれに尽きるかな。

大友 なぜ小学校の時に音楽が嫌いになったんですか？

稲葉 これは転校した経験がきっかけなんです。横浜にいた時は、全然嫌いじゃなかったんですよ。学校の音楽の授業は、みんなでただ「ワーワー」と歌っているだけでいい授業だったから、結構好きだった。だけど、小学校三年の時に福島に転校したんです。福島ってすごく合唱が盛んなところで、合唱王国と呼ばれるほど。いきなりクラスの音楽の授業がウィーン少年合唱団みたいな感じで、きれいな裏声を使ってみんなが歌っている。そこで俺はいきなり音楽の授業で地声で歌っちゃったもんだから、みんなから「森進一」とか言われて、それがショックで口をつぐんで声を出さなくなっちゃったんです。それで音楽が嫌いになった。

稲葉 音楽の授業って一人ひとり、前に出て歌わされて、僕もすごく恥ずかしかったのを覚えていますね。

大友 僕も音楽のテストは忘れられなくて。やっぱりひとりずつ歌わせられるんですけど、僕は歌うのがイヤで、先生がピアノで伴奏しても口をつぐんだまま一分くらいただ立っていて、「じゃあもう、大友はいい」と言われるような子でしたね。

稲葉 昔からああいう教育だったんですかね。

大友 戦前はね、音楽という授業はなくて、「唱歌」といって、みんなで歌を歌う程度だったらしいです。ウィーン少年合唱団を目指そうなんて考えはなかった。おそらく戦後くらいからそういう西洋のものが入ってきたんじゃないかな。それ自体は悪いことではないですが、もともと日本の文化にない発声法を無理矢理取り入れる感じですから、それってちょっと無理がありますよね。得意な子はいいんですけど。

あと僕が忘れられないのは、その時、笑いながら歌えと言われたこと。要するに、ニコニコしながら歌えと。

稲葉 あー、そういえば合唱団ってみんなそうですね。

大友 笑顔で歌えば上位に入賞できるからニコニコしているんですが、それがもうとにかくイヤで。当時は「笑えるような気持ちじゃないよ」と思って、僕は下向いていたんだと思う。だから音楽の成績はずっと悪かった。

自分で音を作って、音とたわむれる

稲葉 音楽を聴くようになったきっかけは何ですか？

大友 家にあるテレビやラジオが、エンジニアだった親父の自作だったんですよ。だから小学校の高学年くらいから自分でラジオを作ったりして、それで音楽を聴くようになったんです。

稲葉 見よう見まねですか？

大友 うん、門前の小僧ですよ。部品は全部家にあるので買わなくていいし、ハンダゴテもドライバーもペンチもあるし、あとはちょこっと買い足せばラジオが作れるくらいのものが家にそろっていたんです。しかもそれを作るのがかっこいいと思っていた。

稲葉 ラジオって、小学生でも作れるものなんですか？

大友 父親がちょっと手伝ってくれたから、最初からちゃんと音は出ていたかな。でもそのあと、中学二年生くらいの頃にシンセサイザーを作ろうと思った時は、簡単じゃなかったですね。かなり苦労して、最終的に親父に手伝ってもらって作りました。

稲葉 へえ、でも本当に作れるものなんですね。

大友 うん、いわゆる本物のシンセサイザーは無理だけど、発信器みたいな「ピー」と音が出て、「ピョイーン」となるくらいのものなら作れるんです。当時はシンセサイザーなんて中学生に買えるような値段じゃなかったから、すごく憧れていましたね。あの「つまみ」をひねって音が出るというものに。

稲葉 何だか意外ですね。音楽家というと、楽器とかバンドとか、もうちょっと違うアプローチから入っていきそうですけど、大友さんの場合は機械からなんですね。

大友 多分、僕より前にそういう人って少なかったと思うんですけど、僕らくらいの世代は結構多いんですよ。ちょうどそういうことができるようになってきた時代だったから。

稲葉　アマチュア無線とか。

大友　そうそう。ラジオ作りも流行ったし、当時『初歩のラジオ』っていう雑誌にシンセサイザーの簡単な回路図が載っていたりね。同世代でノイズ・ミュージックをやっている人って結構みんなそれを見て自作していたみたいです。自分で作って「ピューン」って音が出た経験がすごく大きかったんじゃないかな。

稲葉　自分で苦労して作って、やっと音が出たみたいな。それは感動しますね。

大友　それは音が出るだけで、「音楽」にはならないんだけど、自分で作ったものから音が出て「ピューピュー」いうだけでもすごいことだったと思うんですよね。だからエレキギターを買った時も、まず分解して構造がどうなっているか見るんですよ。「なるほど、こうなっているのか」と確認してから弾くみたいな。弾くのはたいしてできないのに改造ばっかりやってたな（笑）。ギターを作るのはかなりハードルが高いと思うんですけど、電気のパーツ部分はラジオを作るくらいの技術があれば、構造はわかるんですよ。開けてみて、「そうか、こうなっているんだ」って納得したらもう一回閉じて。もしかしたらこうやるとおもしろいことになるんじゃないかって自分で改造したりね。たとえばギターに付いている二つのマイクを三つにしたらどうなるかとか、そのプラスとマイナスを変えたらどうなるだろうとか、いろいろ遊んでいました。

Maxon
800M

稲葉　その実験的な感じは、大友さんの今の音楽にもすごく通じますよね。

大友　そうですね、「三つ子の魂……」じゃないけど。

稲葉　音とたわむれるというか、工夫しながら変化する音そのものと接している。

大友　そうかもしれないですね。当時は今やっているようなことを目指していたわけではないですけど、ただつまみを見ると触りたくなっていただけで。そういうのが男の子にはプログラムされているような気がします。僕は、知的障がいのある子どもたちと一緒に音楽をやる「音遊びの会」という活動に十年以上前から参加しているんですけど、ある子はスイッチを見るととにかく触るんです。触ると音が「ビーン」と出て変化するから、ただひたすらそれをやるんですけど、僕もそれを見ていて気持ちがすごくよくわかるんですよ。言葉があまりしゃべれないのでその子とは会話でのコミュニケーションはできないんだけど、その様子を見ているとね、まるで自分みたいだなって思うんです。

稲葉　そういう子どもも時代の感性って忘れやすいですけど、時々ふっと出てきますよね。

大友　うん、ちょっとしたところで出てくるし、多分僕はそれにすごく深くはまって、音楽をずっと続けてきたところがあるから、やっぱりスイッチやつまみって僕にとっては大切な感じがしますね。

受け取ったふたつのバトン

大友 自信なんて全然なかったんですけど、「本当に音楽でやっていくのか」という迷いはまったくありませんでした。楽器が上手いとはとても思えなかったけどね。でも「これで食っていきたい」というよりは、「これ以外のことはやりたくない」っていうくらい深く深く音楽の世界にはまっていたんですよね。理由はよくわからないんだけど。

稲葉 それを仕事にするとかしないとか、生計を立てられるか立てられないかとかの現実的なことよりも、もうその道以外考えられない。

大友 うん、ほかに考えられないっていうのが正直なところでしたね。僕が二十代になって自分のやりたい音楽の方向が定まった時には、ノイズとか即興とかアヴァンギャルドと呼ばれているようなものが好きでしたけど、さすがに俺でもこれじゃあ絶対に食えないなって思うわけですよ。だからバイトしながらでもいいやって思っていた。

稲葉 機械の音が楽しいとか、音が出る感動というのはわかるんですけど、そこからノイズ・ミュージックというものに興味を持ったのはどういう流れなんですか？　その頃にはもうジャンル自体があったんですか？

大友　なかったですね。現代音楽はあったけど、ノイズ・ミュージックなんて言葉はなかった。多分、八十年代に入ってからそういう言葉が出てきたような気がするけれど、僕も「ノイズ・ミュージックをやりたい」って明確に思っていたわけではなくて。最初はフリージャズとか現代音楽とか、当時はフリーインプロビゼーションっていう言葉もあったけど、即興音楽をやりたかったんです。

稲葉　既成の音楽では満足できなかった？

大友　最初はやっぱり普通のロックやジャズをやりたかったんですよ。そっちを選ばなかった理由のひとつは、ロックやジャズをやっている人を見て憧れても、自分は同じようにかっこよくできないなと思ったから。ビートルズみたいにはなれないし、ジミヘンみたいにもなれない。楽器の才能もないし、見た目もとてもあんなかっこいいもんじゃない。でもシンセサイザーを作って「ピー」ってやっていると何かおもしろいことができるし、ギターを改造するのは得意だったから、なんとなく自分ができるほうにだんだんと寄っていったという感じなのかもしれません。今になって考えてみるとちっともかっこいい理由じゃないんですけど。

稲葉　自分の得意なほうを選んだってことですね。

大友　それともうひとつすごく大きかったのは、阿部《あべ》薫《かおる》さんとの出会いでしたね。七十年代って全国各地にジャズ喫茶ができた時期なんですよ。当時僕は福島に住んでいて、福島にもジャズ喫茶が何軒かあって、高校生くらいになると出入りするようになるんですね。何となく背伸びして大人になりたくて通うようになって。福島のジャズ喫茶ってなぜかフリージャズをよくやっていて、阿部薫さんという伝説のフリージャズミュージシャンのライブをそこで見たんです。お店は大した広さじゃなくて、お客さんも数人しかいないところで、ソロライブを何度も観ました。最初はね、全然意味がわからないんですよ。「何なんだろう、これ？」みたいな。でもよくわからないけど、何かおもしろさがあったんでしょうね。何度も通うようになって、何度も見に行くうちにはまってくんですよね。お客も少ないんで、何度か行くと阿部さんと顔見知りになって声掛けられるわけですよ、「君は何をやっているの？」とか。それがうれしかったんだと思う。そうやってステージに出ている人と会話するなんて、高校生の僕には想像もつかないことだった。「このレコードいいよ」って一緒に聴いたりとか、僕が持っていたギターを使ってステージで演奏してくれたりとかね。今考えるとそれが最初に聴いたノイズ・ミュージックなんです。阿部さんはサックス奏者なので、ギターがちゃんと弾けたわけじゃないんだけど、「ギターはこんな感じで弾くといいよ」ってアンプに入れて「ギャ〜ッ」って鳴らすんです。その当時は、ただうるさくて、全然いいとも思わなかったけど、何かそのコミュニケーションが僕の中に残っていたんでしょうね。それから阿部さんやその周辺の音楽をいろいろ聴くようになったんです。でも、当時はよくわかってなくて、「この音楽って何なんだろう?」って思ってた。

稲葉 ところがちょうど僕が大学入試に落ちて福島で浪人していた時に、阿部さんが突然二十九歳で死んじゃったんです。実際に会話をした時間なんてたいしてなかったんだけど、さすがにショックで。知っている人が若くして亡くなったのは、その時が初めてだった。それで改めて、阿部さんは一体何をやりたかったんだろうと思って、レコードを何度も何度も聴いたんです。当時、福島の「パスタン」というお店にはに珍しいことにビデオがあって、実際に自分が行っていた阿部さんのライブの様子を見せてくれたんですよ。そのうちに、当時の僕は理解できないなりに何かわかったような気がして、僕もこういう道に行きたいなって思うようになったんです。だから、音楽的な理由だけでこの世界に入ったんじゃないですね。

大友 それってすごく深い体験というか、本当に生と死の中で何かが受け渡されたような深い交流だったんですね。

阿部さんにしてみれば、ただの高校生のお客なので、僕のことを覚えているかどうかもわからないけれど、僕にとってはすごく大きな出会いだったな。大人が声を掛けてくれたっていうだけでも大きいわけですよ、高校生にとっては。とくに僕は途中から高校に行かなくなっていたので、居場所はジャズ喫茶だけだった。ここは僕がいてもいい場所なのかもしれないと思えたんじゃないかな。

稲葉 僕も臨床の現場で、患者さんを看取ったりすることがありますが、やはり目の前で人が亡くなっていく時というのは、生きている人に何かを渡そう、伝えようとするものなんですよ。意識しているのか無意識なのかもわかりません。ただ、時間が経ってからわかることも多いんですよね。

大友 阿部さんがどう思っていたかはわからないけれど、十七、八歳だった僕は少なくとも何かを受け取ろうとしたんでしょうね。それは今考えると本当に、この世界に踏み込んだ一番の大きなきっかけだったかもしれない。

稲葉 伝えるほうも、受け取る人がいるからこそ、伝えられるものなんですよ。

大友 それと、大きな出会いがもうひとつありました。僕は東京に出てきて、阿部薫さんとよく一緒にやっていた高柳昌行《たかやなぎまさゆき》さんというギタリストに弟子入りするんです。阿部さんよりずっと年上で、日本のフリージャズの開祖のような人。そこで三、四年ほど、すごく濃密な時間を過ごしたんですけど、ケンカして飛び出してしまって。そして関係修復の機会がないまま、高柳さんは亡くなってしまいました。阿部さんが亡くなってから十二年後のことです。僕は高柳さんに反発して飛び出したんで、当時は「この野郎！」って思ったりもしていたけど、やっぱり大好きだったことに変わりはなくて、亡くなった時は本当にショックが大きかった。反発したまま死なれちゃって、「ちょっと待ってくれよ」ってね。だからその時、僕は勝手に個人的な宿題を高柳さんから受け取ったような気がしたんです。高柳さんとは違うやり方でやるぞと思って反発したところもあったから、高柳さんがやろうとしていたことをそのままやろうとは思っていなかったけれど、そのことは今日に至るまでずっと自分の中に残り続けています。何だろうね、死ってものすごくインパクトを与えますよね、残された人間にとって。

稲葉 僕の父方の祖父が亡くなった時、家でお看取りしたんですが、祖父がどういう人生を送ってきたのか、実はあまりよく知らなかったなと思って、自分の無知さに驚いたのを覚えています。

大友 近い身内ほど、よく知らないものですよね。

稲葉 そうなんですよね。母方の祖父は戦後シベリアに抑留されて脱走してきて、鉄の足カセを付けたまま雪の中を歩いて日本に帰って来たと話していたんです。当時は冗談半分に聞いていたんですけど、でもあれは本当のことだったんだろうなと、今になって思うんです。もっと祖父の話を聞いておけばよかったなって。そのことが僕の中にもずっと残っています。

大友　今、在宅医療というかたちで高齢者の方の往診をしているんですが、そこで一番良かったなと思うのは、年配の患者さんたちが戦争の体験を話してくれることなんですよ。九十歳とか百歳近い方々は、意外とそういう話を家族には話さないんです。自分の体験をお子さんとかお孫さんにはなかなかできないけれど、そこに医療者とか別の人が間にいるだけで、なぜか話ができる。亡くなる時にその体験を最後に話して亡くなるというパターンも実はすごく多いんです。

稲葉　やっぱり戦争という体験は大きいんですね。身内になかなか話せないというのは、かなり心に負荷が掛かっているということですよね。

大友　たとえば戦地に行かれた人によっては誰かを殺《あや》めたりしたこともあったかもしれないし、たくさんの悲惨な現場に遭遇したかもしれない。そういう体験は人生の中でずっと澱《おり》のように残っているはずで、何らかのかたちでその核となるものを伝えたいんだと思うんです。でも近い関係性の中では誤解を与えたりすることもあって難しい。肉親じゃないからこそ受け取れるものがあるんじゃないかと思うことがありますね。日本や社会を作ってきた人たちの体験を知りたいし、どういう思いで次の世代に受け渡したいのかを聞いておきたいんですが、そういう機会ってなかなかないですよね。

大友　戦争に行かれた方々の「戦友会」の存在って、実はよくわからなかったんです。戦争はいい体験ではなかったはずなのに、どうして集まるんだろうって。でもね、今はあれは必要だってわかる。イヤな体験だったとしても、その共通の体験を持った人がいるというのはとても大切なことで、そうじゃないと自分の中からどこにも出せない何かがあるんじゃないかという気がする。それが随分と歳をとってから、やっとわかるようになってきました。

仲間はずれにしない音楽

稲葉　音楽とか芸術とか、その人の深いところから出てくるものってやっぱりあって、体験なり経験が、得体の知れない影響を自分自身に与えていますよね。僕にとっての能も、とにかく強烈に惹かれて実際にやることになりましたけど、能を観ている体験自体が知らず知らずに自分の深いところに作用していて、実はいろんなものの原動力になっているのかなと思うんです。

大友　はい。原動力になるし、何か岐路に立った時、たとえばどちらかに決めなきゃいけない時に、必ず背景にありますね、僕の場合。本当に追いつめられたり選択を迫ら

稲葉　れた時には、その体験が自分を突き動かすんです。本能的に「こっちだ」って。大友さんの音楽を聴いていると、前衛やノイズという、一般的な心地よい音楽体験を拒否するような先鋭的な音楽をあえて表現していると同時に、「あまちゃん」のテーマみたいに誰でも口ずさめるメロディーも作って、プロの音楽家として演出やプロデュースもする。そうしたあらゆる方向への眼差しが、どんな人でも仲間はずれにしない感じがしますし、それってとても大事なことなんじゃないかって思います。子どもの時、いじめってすごくイヤだったんです。いつ自分がいじめられる側になるんだろう、仲間はずれになるんだろうって。

大友　わかります。

稲葉　大友さんがやっていることって、仲間はずれになる人を作らずに、誰にでも居場所を感じさせてくれる音楽というか。ちゃんと適切な居場所がみんなにあるんだとわかっていても、「あなたはこれだよ」って示すのは難しいと思うんです。でも大友さんの音楽にはそれを感じるんですよ。

大友　うれしいなあ、そんなこと言われると。たとえば学生のバンドで、ドラム、ギター、ベース、管楽器ってあって、管楽器は何人いてもいいんだけど、ベースやドラムってひとりだけですよね。そうすると一年生とか補欠の人は、脇に座っていたりする。そういうのを見るのが、僕はすごく辛いんです。音楽なんだから一緒にやったらいいのにって思う。それは別にその子がいじめられているわけじゃないんだけど、音楽の中で、ヒエラルキーができてしまうのがイヤなんです。ジャズだったらベースひとり、ドラムひとりっていう形式のようなものがあるわけだけど、それを守ることなんてどうでもいいんじゃないって思うんです。それよりも、ここにいるみんなが入れることのほうが大切で、それでもしジャズのかたちが崩れても、何がいけないんだって思うんですよ。今ならそれが言える。そう思うのは多分、子どもの頃の音楽が嫌いになった体験とか、転校した時に自分の居場所がないと感じた体験が関係しているんだと思うし、自分自身がいじめっ子だったこともあって、人をいじめた経験は今でもしこりのように残っています。

僕が一般の人たちと音楽をやる時は、どうしたって楽器が上手い人と下手な人、いろんな人が集まるんです。上手い人はやりたくてしょうがないし、下手な人はすごく控えめ。通常なら上手い人を中心に置いて、そうじゃない人を伴奏につけたりするんだけど、僕はなるべくそうしないようにしています。たとえば、トランペットで「プッ」と音が鳴らなくて「フーッ」と鳴っちゃう人がいたとしたら、「フーッ」という音でもちゃんと取り込むような音楽、その人が今出せる音でちゃんと入っていけるような音楽を作ればいいんです。そんな感じで、やっている人たちの間にヒエラルキーができてしまわないように音楽を作りたいなって思っています。

稲葉　その人が、今出せる音で作っていくわけですね。

大友　そう。一方で、すごく深い穴を掘るような前衛音楽というか、世界中で五十人くらいしかわからないような特殊な音楽も好きなんです。それはそれでおもしろい。でもその世界にいると、「僕たちはすごいことをやっているんだ」と思ってしまいがちで、事実すごいことをやっているんだけど、「これがわからないやつは愚かだ」と思いかねない。それはいろんな世界にあり得ることだと思います。エリート主義というか、自分たちが啓蒙して無知な人たちに知識を与えているんだというような、気をつけないとすぐに思い上がってしまいかねない世界。そういうところはすごくイヤなんだけど、そこでやっている深い追求は好きで、その間にいつも挟まれて葛藤していましたね。どっちの良さも欠点も知ってるんです。だからその両方をやり続けたいなって。どちらかだけでもダメで、両方やれたらって思います。

稲葉　大友さんの話を聞いていると、その葛藤の中に音楽的な要素も、非音楽的な要素もあるし、聖も俗も、普遍性も個別性も、矛盾し合ったものが複雑なかたちで共鳴し合いながらひとりの人格の中に統合されているなと感じるんです。僕はそれ自体にとても興味があります。すべてが絶妙で精妙なバランスで大友さんというひとりの人間に統合されているわけじゃないですか。

大友　そうなっていればいいのですが。

稲葉　その極限のバランス感覚が大友さんの音楽の器を作っている基礎にあるというか。どれだけ包み込める器なんだろうと、その器の可能性を考えると不思議に思います し、それが魅力なんだろうなと。子どもの時の素直な感性や体験がつながっている ことも、そこに強度や信頼感を与えているように思いますね。

大友　昔、女の子にモテたくてバンドを始めた僕も僕なわけですよ。全然楽器が上手にで きなくて、シンセサイザーを作ってノイズの世界に行ったのも僕で。立派な動機で アヴァンギャルドに行ったわけでもないし、たまたまの出会いなんです。その時に もしジェフ・ベックと出会っていたら違う人生だったかもしれないしね。

稲葉　そうですね、出会いによっては違う方向になっていたかもしれない。そして、出会 いこそが、その人の個別性や独自性の基礎を形作っている。

大友　うん、僕にとっては阿部 薫さんと高柳昌行さん、ふたりとの出会いが、「死」とい うことも含めてものすごく大きかった。彼らのやっていることはよくわからない部 分もあったけれど、でもふたりのことが大好きだったんです。それはたしかですね。

音楽は居場所を作る

大友　「あまちゃん」が放映された二〇一三年は、このテーマ曲がすごく流行って、全国各地でコンサートもやるようになりました。バンドってこなれてくるとテンポが上がってくるんだけど、そんな感じで、みんなの気分も高揚していましたね。

稲葉　いやー、日本中で盛り上がりましたよね。

大友　僕は震災が起きたあと、コメディを作りたいと強く思っていたんです。それはお祭りをやりたいというのと同時でした。問題にただ正面から向かっても疲れてしまうし、簡単に解決しないって時には、笑うことが原動力やモチベーションになると思ったんです。実際、被災した地域の人たちは自分たちで笑いのネタをいっぱい持っていて、笑っているんですよ。いろんな困ったこととか、家が壊れたことすら笑いにしていて。コメディが書ける作家がいたらいいなと思っていたし、その音楽をやりたいなと思っていたところに、「あまちゃん」の話が来たんです。

稲葉　そうだったんですね。

大友　脚本家の宮藤官九郎さんも東北出身で、もともとコミカルな作品を作る方だけど、やっぱり笑いが必要だと思ったんじゃないかな。いろいろ大変だけど、朝の十五分間はとりあえず楽しめる、お祭りみたいなドラマを作れればいいなという思いがありました。

よく誤解されるのは、ずっと変な音楽を作っていた大友が、突然明るい音楽を作ったと思われているんだけど、全然そんなことはなくて。もう何十年も前から映画やドラマのいろんな種類の音楽を作っていたんです。「あまちゃん」でたまたま名前が出てしまったというだけで。でもね、こんなにヒットするとは思っていなかったんです。もちろんうれしかったですよ、みんなが喜んでくれて。おばあちゃんからファンレターが来るなんて今までなかったですから。「すごく元気になった」とか「毎朝これを見るのが楽しみで」と病院から手紙が来たりね。曲がどうこうというよりも震災後のあのタイミングというのが、大きかったんだと思います。笑っちゃいけない感じや、まして東北のことで楽しく笑うなんて、しちゃいけない感じがありましたから。そういう意見もたくさんあったんですけど、いざ番組が始まったらなくなった。みんな本当は「笑い」を求めていたんだろうと思います。

稲葉 すごく求めていたと思いますね。笑うことによって心に余裕ができるっていうのもあるし、心に余裕があるから笑えることもあるし、どちらが先ということではなく。

大友 うん、ないと思う。「あまちゃん」もそうですが、単に音楽を作るだけじゃなく、音楽を含んだいろんなものが、社会や場の中でどう機能していくかということを震災後は考えるようになりました。やっぱり音楽って居場所を作るとても大切なツールだと思うんです。「私はここにいていいんだ」って思えるような場を作るためにも音楽は必要で。震災後に「プロジェクトFUKUSHIMA!」で盆踊りをやったのも、誰でも入ってこられる場所を作ろうと思ったからなんです。居場所をどうやって作るか、そのために音楽がどういうふうに機能するかというのは、とても大切なことだと思うようになりましたね。

稲葉 音楽の一番いいところは、音を重ねられることだと思うんです。言葉は同時にしゃべったら会話できませんけど、音楽だったら十人いたら十人で同時に重なることができる。言葉による会話では、声が大きかったり長く話す人が場を支配しがちですが、音楽は重なることができる点で極めて特殊なコミュニケーションなんじゃないかなと思いますね。

大友 意味のやりとりだと同時にはできないんですよね。音楽の場合、もちろん歌詞はあったとしても、言語的な作りではないですし、リズムでも音でも何か共有しさえすれば音楽として成り立つ。ダンスもそう。ひとりで踊ることもできるけれど、複数で踊るとより楽しくなる。それが理屈じゃなく身体感覚としてわかってきます。

稲葉 引っ込み思案な子だと、なかなか会話の中に入っていけなかったりするけれど、音楽だったらその中で小さくても「ポン」と音を鳴らしたら、もうそれだけでその場の中に入っていることになるわけじゃないですか。その重なりながらも入っていけるところに、僕はコミュニケーションの本質というか、原始的なコミュニケーションのあり方を感じるんですよ。

大友 言語学者の田中克彦さんの本には、言葉のことが書いてあるんですが、僕にはそれが音楽のことを書いているように思えたんです。そのことを田中さんにお会いした時に話してみたら「言葉と音楽って昔は区別がなかったんじゃないか」とおっしゃっていて。言葉が意味を持って伝えるものになる前の状態が音や歌で、それは今も残っているんじゃないかって。

稲葉 そうかもしれないですね。

大友 言語的な意味はなくても、声を出し合うことで成立する何か。たとえば赤ちゃんとお母さんのコミュニケーションもおそらくそういうことなんじゃないかな。

稲葉 本当にそうですね。誰でも必ず赤ちゃん、子ども、大人というプロセスを経ていくわけで、自分の原体験としてあると思います。本当は何か言いたいんだけど言えなくて、「バーブー」としか言えないけど、コミュニケーションしたい。その言いたいけど言えないというところからちょっとずつ表現法を磨いて、言葉を学習したり、いろんなことを学んでいくわけです。どんな人にも平等に、赤ちゃんの時のコミュニケーションのあり方が原点にあるんじゃないかと思いますね。

音楽の力

稲葉 震災後、僕も医療ボランティアとしていろんなところに行きましたが、何かしたいけれど何をすればいいかわからない。医療は何か困っていることに対応していく世界なので、みんなが希望や元気をなくしていることに対して何もできないという、ものすごい無力感を感じました。医療をやっている人間は何もできないのかと。でもそのあと、「あまちゃん」のドラマや音楽でどれだけの人が元気になったかと考えると、本当に多くの人に生きる力や希望を与えたんじゃないかと思うんです。ただ励ますというんじゃなくて、どんな環境でも強く生きていくための生命力のようなものを。医療の現場でもがいている自分も、とても頼もしく思いました。やっぱり芸術の力というのはすごいなって。大友さんの音楽で、どれだけの人が元気になったかを考えると、それはもう医療行為なんじゃないかって。

大友 いやいやいやいや。

稲葉 実際それくらいの影響をいろんな人に与えていると思います。みんなすごく感謝しているんじゃないかなと思いますよ。あたりまえに生活に溶け込みすぎて、わざわざ口に出して言わないかもしれないですけど、みんな心の中で思っていますよ。

大友　ありがとうございます。すごく照れくさいです。「あまちゃん」の音楽もそうですが、小学生たちと一緒に音楽を作るプロジェクトも僕にとっては、ノイズやアヴァンギャルドな音楽を作ることと同じくらい大事なことで。手を抜いてレベルを下げているわけでもないし、そもそも楽器があまり得意じゃない人と音楽を作るのって手なんか抜いたらできません。

稲葉　そうですよね。

大友　プロの人たちとやるほうがある意味とても簡単なんです。やろうと思えば譜面を渡して「せーの」でできちゃう。実際のところ僕自身にとって、実験的なものの最前線って、アマチュアの方や僕の予想を超えた人たちとやる音楽なんです。

稲葉　さっきおっしゃっていた音楽で居場所を与えるというのも大事だなと思います。でも、何らかの理由で挫折している人も多いと思うんですね。楽器が上手く弾けなかったり、まわりから下手だと思われるんじゃないかと考えて人に聴かせるのを躊躇したり。

僕は音楽を自分自身のためにやっています。自分に聴かせるためであり、まず自分が楽しむために。だから上手いとか下手とかあまり気にしたことがなくて。能楽での謡曲も、歌といえば歌ですが、上手いとか下手というよりも、自分の姿勢や心持ちで一音一音きちんと出ているかどうか、ということが求められるんですよね。

謡っていて、自分自身が一番気持ちいいんです。学校の音楽教育の影響や世間の風潮もあるかもしれないけど、本当は、音楽は誰もが楽しめるものだし、誰にとっても開かれているものなんだということを知ってほしいですね。大友さんが体現していることから、みんながその背中を見て学ぶことは多いんじゃないかと思います。

大友 音楽の一般的な教育方法は、それ自体悪いわけではないんです。ベートーベンの曲でも「上を向いて歩こう」でもいいけれど、それをやる時、なるべくオリジナルの曲に近いかたちに近づけないといけないですよね？　でもそうなると、楽器ができない人にとってはハードルがかなり高くなってしまう。そういう音楽のあり方ももちろん必要なんです。そうじゃないとベートーベンの弾き手がいなくなりますし。けれど、それをみんなに求めるのはおかしいって思うんです。スポーツでいえば、みんなに一〇〇メートルを十秒台で走れと言っているのに近いと思う。それはアスリートがやればいいんです。一〇〇メートルを四十秒かかって走る人もいれば、走ることができない人だっているかもしれない。だからそれはそもそもの目標値の設定が間違っているんだと思う。

稲葉 そのとおりですね。

大友 みんな同じ目標にしちゃうから、音楽のハードルが上がってしまうわけなので。ギターでポロンポロンと弾くのは、ベートーベンのピアノ曲に比べればそんなに難しいことじゃない。でもそれで十分に素敵な音楽は生まれるんです。稲葉先生のようにまずは自分で楽しむという段階があって、これだって最高に楽しいし、まずはそれでいいんです。さらに誰かと一緒にやると楽しいし、もっと楽しいのは大勢の人とやることだと僕は思うんです。

より豊かになるための芸術

稲葉 楽器ってチューニングができていなかったら、その楽器本来の音が出ないじゃないですか。

大友 うん、そうですね。

稲葉 人間も同じで、その人自体が一番その人らしい状態で、ウソがない素直な状態でないと、その人本来のものが出てこないと思うんです。それは音楽であれ何であれ。だから音楽的な作品というのはその人のあり方から結果的に出てくるものであって、その人自身の状態がまず大前提として大事なんじゃないかなと思います。

大友 そうかもしれないですね。僕自身は、その場で一緒にやっている人や状況の中で、どうやるとこの場が輝くか、ということが重要だと思っています。だから、素敵な音楽を作るのもいいんだけれど、誰かと音楽をやる時はそんなことよりも、その人がどうハッピーになれるか、その音楽をやることでその人がどれだけ生き生きできるか、そのほうが何百倍も重要だと思うんです。

稲葉 そう思います、僕も。

大友 だから作品の出来、不出来なんていうのは二の次でいいんです。結果的なものでしかない。その人たちがすごく輝けたら、それはきっといい音楽なんですよ。音なんかいっぱい間違っていてもそんなの関係ない。

稲葉 『モモ』という童話を書いた、ミヒャエル・エンデがこういうことを言っているんです。「音楽や演劇に理解はいらない。そこには体験しかない。シェイクスピアの演劇を観るのは、利口になるためじゃない。より豊かになるためだ」と。でも、芸術というものに対して、意味とか理由を頭で理解しないといけないというような風潮があるじゃないですか。

大友 ありますね。

稲葉 頭でわかったような気になることよりも、その「体験」によって自分の中の何かが組み変わるとか、そういうことが音楽や芸術の本質的なことなんじゃないかなと思います。

病気とは何か

大友　根本的な質問ですが、病気って何なんでしょうか？

稲葉　僕は、生命現象のプロセスだと思っています。

大友　それはネガティブな意味だけじゃないということですか？

稲葉　もちろんそうです。人間の体は、だいたい六十兆から百兆個の多細胞でできているんです。これって驚異的なことなんですよ。

大友　六十兆ってすごい数ですね。地球上の人口を考えてみても。

稲葉　圧倒的な人口で、超巨大な民主国家を運営しているのが自分の体なんです。そうなると内臓の一つひとつや足の指まで、つねに意識して生きることなんてできないじゃないですか。だからある程度、無意識の世界に委ねて勝手に運営してもらうわけです。そういうふうにして、自分で意識できる体の範囲と、意識できない範囲で役割分担をしていった。六十兆もの細胞が調和して、心臓も肺も腎臓も肝臓も全部を総動員させて生きているわけですから、現代の生活ではそうした生命のシステムにいろんな不具合が起きてくる。その中で体は、可能な限りベストを尽くそうとしているわけですが、僕はそのプロセスの一環として「病気」という状態を経ることもあるんだと思っています。体がバランスを取るための何らかのフィードバックが病気として現れるということですね。

大友 たとえば風邪を引いて寝込む時、「ちょっと休めと体が言っているんだな」って自分に言い聞かせているんですけど、そういう意味もありますか？

稲葉 まさにそうですよ。体が動かない時は、ひとまずストップして休むことがとても大事なんです。でも、体は休みたいはずなのに無理矢理動こうとする人が多いわけです。どんな人でも起きている状態と寝ている状態を繰り返さないと生きていけないわけですが、それが生命のシステムにきちんと組み込まれていないと、いろんなトラブルやエラーが起きてしまう。そういうシステムを持っているにもかかわらず、休んだり止まったりする時間が不足してくると、体からいろんなサインが出てきて、時には強制的に休ませるんだと思います。それは体からの、愛あるメッセージなんですよね。

大友 僕はワーカホリックなので、やり出すと止まらないんですよ。とくにひとりで音楽をやっているとおもしろくなって、水を飲むのも忘れてしまうほど。でも当然体はそんなの耐えられないから、どこかでパタッと来ちゃうんですけど、若い頃はそれの繰り返しでしたね。歳をとってだんだん体力がなくなってきたから、最近は察知できるようになりましたけど。

稲葉　若い時は生命エネルギーが強いから無理が利くんでしょうね。体が弱い人というのは、体に対して敏感で、感受性の高い人だと僕は思っています。感受性が高いからこそ、ちょっとした些細な変化にも気づいてしまう。普通の人だったら具合の悪いサインが出ているのに、気づいていないだけかもしれないんです。

大友　それはよくわかります。僕もステージに立つと、どんなに具合が悪くても平気なんですよ。三十九度の熱でステージに出ても何とかやれてしまう。でも治っているわけじゃないから、ステージが終わった途端にぶっ倒れる。その時はきっと体のどこかのスイッチを切っているのかもしれない。

稲葉　そうでしょうね。大友さんはこれだけいろんな方々と協力して音楽をやっているんですから、もうちょっと体のいろんな声も聞いてあげてほしいなと思います。

大友　あちゃー、そうですね。稲葉先生に怒られそうですけど、結構無茶してきたかな。僕はお酒もたばこもやらないんですが、仕事しすぎて寝ていなかったり、旅が多くて体に負担をかけているのは自覚しています。

稲葉　体はとてつもない叡智を持っているわけですから、体全体の声を受け取るような感受性によって、作られる音楽というのもまた変わってくると思うんですよ。大友さんの身体感覚を通して出てくる音楽が、何かもっととてつもなく深いものになるんじゃないかとさえ思います。

大友　先輩のミュージシャンたちを見ていると、病気になって復活したあとにすごくいい演奏をする人っているんですね。身体能力的には若い頃のほうがいいはずなのに、若い頃よりはるかにいい音を出したり、いいメロディーを吹いていたり。単に渋くなるとかじゃなくてね。それまでちゃんと体のことを考えてこなかった人が、病気を機会に体を見つめ直しているということなんだろうなって。

稲葉　まだ若いと思っていたからずっと他人事だと思っていたんだけど、僕も今年で五十八歳ですから、もう若くはないですよね。高血圧だって言われたり、体のあちこちにガタがきているので、体を見直す時期なんでしょうね。必要があって血圧も上がっているわけですからね。体の苦労や努力に対してもっと気遣ってもらえると、個人的にはうれしいですね。大友さんの体に代わってお伝えしておきます（笑）。

一人ひとりが体とかかわる

稲葉　僕が医療の現場にいて思うのは、医療がすごく特殊な世界になってしまっているということです。医者という専門家がいて、その人だけがすごく情報を持っていて、患者は教えてもらうだけ。病院や診察室という限られた場所でしか語られないものになっていますよね。でも本来、体や命や心というものは、みんなが平等に与えられているもので、誰が取り組んでもいいものだと僕は思っているんです。もちろん科学的に正しいかどうか、一定の尺度は必要かもしれないですけれど、一人ひとりがちゃんと主体的に自分の体とかかわっていくということが、何より大事なことだと思っていて。僕はそういうことを伝えたいんです。医学、つまり体や心のことを学ぶというのは教育に近いですし、自分の体を知ることそのものが予防医療になると僕は思っているので、一部の専門家だけに閉じられた医療ではなく、もっと開かれたものにしたい。体はもともとみんなが持っている、一番身近なものですから。

稲葉　なるほど。ついつい専門のことは専門家に任せてってなりがちですが、体って専門領域という以前に、まずは自分自身のことですもんね。

大友　オリンピックを見ていても、特殊な体の使い方をする一部のアスリートだけがやるものになっているじゃないですか。オリンピックというのはもともと平和の祭典として生まれたもの。誰もが体を持っているんですから、もっといろんなアプローチがあっていいはずだと思うんです。

大友　「参加することに意義がある」って昔はよく言っていたけれど、最近はあまり言わなくなりましたもんね。

稲葉 本当はオリンピックが、みんなが持っている共通の体というものを学ぶことができるいい機会になるんじゃないかと思っているんです。自分の体を知るいいきっかけになったらいいなと。能にしても、華道、茶道、弓道にしても、「道」の世界は歳をとればとるほど動きの質がどんどん深まっていくもの。だから四十代、五十代の人よりも、八十代、九十代の人のほうが質が深まる体の動かし方なんです。それってオリンピックにおける体の世界観とはまったく対極にある価値観というか。僕はそういう「道」における体の使い方やあり方を学ぶ場がもっと開かれてほしいと思っています。

医療はすごく特殊な一部のプロだけが扱うものになってしまっていて、自分の体を他人に預けっぱなしになっていることが問題だと思っています。だから大友さんが、いろんな人を巻き込んで音楽をやっていることに、僕はとても励まされているんですよ。音楽に対して予備知識がない人のほうが純粋に、素直に音に接することができるように、医療の世界でもプロやアマチュア、専門家や素人という垣根を越えて、体や命の本質をともに考えていきたいといつも感じています。

医療的葛藤や矛盾のその先へ

大友 稲葉先生は西洋医学の医療者として経験を積みながら、伝統医療や民間医療など、いわゆる西洋医学ではないものに目を向けてこられた。その両者と向き合うなかで葛藤みたいなものはあるんですか?

稲葉 そうですね、やはり西洋医学の名のもとに現場で患者さんを診ていると、病院という空間では限界があると感じています。患者さんの心臓を良くしたら、それで終わり。でも本当にそれでいいのかなというのは、毎日の診療の中ですごく葛藤を感じます。これが本当にこの人のためになっているのか、長期的に見て本当にそれでいいのかと。でもそれは西洋医学や東洋医学がどうこうということではなく、何か統合させたような別の「新しい医療のかたち」を作っていくことが必要なんじゃないかと思っているんです。それは自分のためでもあるし、次世代にどういう医療を引き渡していくかという医師としての責任でもあると思います。

大友 「新しい医療のかたち」ってどういうものなんでしょうか?

稲葉 どういうかたちでできるのか、いろいろな思いや考えはありますが、やはり分野を問わずいろんな人と対話していくこと。そこに本質的な新しい発見があると思っています。それこそ大友さんのように、いろんな観点で活動している方とは根っこの思いや願いが近いところにある。そういう人たちと交わることで、広く深く探求していきたいです。まず、自分自身が元気でいたい、楽しくありたい、健やかでありたい、そしてまわりの人も同じような状態が伝播していけば一番いいわけですから。

大友 今の日本の医療界でやりづらいなと思うことはありますか？

稲葉 つねに自分ははみ出しものみたいな気持ちはあるかもしれないですね（笑）。でも僕は、枠自体やフレームワークそのものを考えているところがあるので、そういう意味では「この枠内で考えるとどうしても無理だけど、この枠自体が広がれば全然矛盾しないことなのに」ということはいつも感じています。家の中で窓の枠から見ている風景も、思い切って外に出てみるとまったく違う風景として見えるように。

大友 それは音楽の分野でもありますね。僕もその枠の中だけで通用する価値観に対して、すごく反発を感じてきましたから。

稲葉 ちょっと枠を広げたほうがより本質的な理解に至れることってありますよね。日々の臨床の中ではまだ実現できていないですけど、宝のような人間の叡智に対して、別の角度から光を当てるような医療を創造していきたいと思いますね。懐が広くて誰にもやさしくて、仲間はずれをしない未来の医療の一端を担えたらと思いますし。

大友 そもそもの始まりって何だろうと考える時に歴史を振り返るとおっしゃっていまし

たよね。でも歴史を見る時の落とし穴って、過去からまるで一本の木のようにつながって今があるように思ってしまうことだと思うんです。本当はいろんな枝葉があるのに見失いがちで。でも稲葉先生は、西洋音楽のルーツだけを見て、今の音楽につながる進化論みたいには考えていなくて、いろんなものが複合的にあるというふうに歴史を見ようとしているのがおもしろいなと思います。

稲葉 日々、自分の中で矛盾や葛藤を無視せずに抱えながら生きているから、そういうことを考えてしまうのかもしれません。みんなが見落としているものの中にこそ、解決のヒントを見出したりしています。多分、自分が葛藤や矛盾を感じずに生きてきていたら、見逃していたことだと思います。でもそういう些細な違和感を自分の中で見えないふりをして排除するんじゃなくて、自分の成長や新しい発見のために、心の中で大事なことが起きているんじゃないかと思いながら、その感性をむしろ大切にして生きています。そうするとある日突然、自分の中でいろんなことがパーッとつながることがあるんです。

大友 今抱えている矛盾って何ですか？

稲葉 現代医療で今やっていることが、本当に相手のためになっているのかなということですね。

大友 いや、なっていますよ。そのおかげで俺の親父は死ななかったんですから。先生の

稲葉　おかげで救われた子どもたちもきっといっぱいいるでしょうし。それはもちろん素晴らしいことなんだけど、でもその先があるんじゃないかということですよね。

大友　そうです、それで終わりじゃない。自分が見たいものしか見ていないのかもしれません から。

稲葉　うんうん。

大友　完全、完璧ということはなくて、まだやれる余地はある。自分がこの世に生まれてきて、次の世代に伝えていくためにも、僕はまだ何かやらないといけないことがあるんじゃないかと感じています。自分じゃないとできないことだったり、誰かを巻き込んでやれることだったり。それが何なのか、自分なりに模索している最中ですね。自分の中のかすかな違和感を大切にしていたいなと思うんです。

多様性のある医療

稲葉　先生は医療の枠組みを広げようと、いろいろな活動をされていますよね。

大友　僕が人生をかけて取り組みたいと思っているのは、体、心、命といった人間の全体性を扱いながら、あらゆる多様性を尊重して、未知なものと対話や調和をしていけるような医療ですね。

大友 僕も多様性ってとても大切だと思っています。それこそが豊かさだと思うんですけれど、稲葉先生が考える多様性って具体的にどういうことですか？

稲葉 一人ひとり全員が違う、というあたりまえのことを大切にすることですね。一人ひとりが誰の真似でもない完全にオリジナルな人間なんだということに、もっと自信や誇りを持っていいと思うんです。自分に与えられた人生を生きていく、そのこと自体がすでにオリジナルなんですよ。比べることもできず、代わりがないものとして。一人ひとり違うけれど、何かそこに共通性や普遍性に至る本質がある。そういう多様性に対応した医療をあたりまえに考えていきたいと思っています。

大友 「テニスコーツ」というバンドのボーカルのさやさんと対談した時、彼女が突然「音痴はない」って言ったんですよ。「いやいや、あなたはすごく音程がいいじゃないですか」と言ったら「そういうことじゃないんだ」と。「その人の出した音がその人にとっての正解だし、それをほかの人が判断して、音程が合っているとか合っていないというのは違うんだ」と。それはもう本当に名言だと思いました。音痴はないんです。

稲葉 僕も病弱な時に、なんてかわいそうな子だとまわりから言われたけれど、でもやっ

大友　ぱりかわいそうな人間なんていないと思うんです。それはまわりが決めることではなくて、本来、自分自身が決めること。それなのに、勝手にまわりが決めようとするんです。本当は自分に選択権があるし、選ぶ自由もある。自分以外の人を暴力的に決めつけたりしないように尊重しながら、みんなが自分自身の感性を大切にすればいいんじゃないかなと思いますね。

大友　やっぱり怖いんだと思うんですよ。人と違うことって。中学生や高校生とワークショップをやる時も、「好きにやって」と言うとみんなフリーズする。たとえば高校一年生の子に好きにやってというと二年生を見たりする。「自由」ってたしかにハードルがすごく高いことで、みんなと同じようにやらないとダメって先輩に怒られてきたんじゃないかな。だから、いきなり「自由にやって」と言われてもできないのはあたりまえで、固まっちゃうんですよね。本来ならば音楽というのは、自由にやることを許容していく場だと思うんですが。

稲葉　本当にそうですよね。「自由」というのは生きるうえで重要なテーマですね。

大友　子どもたちとやる時、最初に言うのは、「とにかく出た音は全部受け入れるから」ということ。何がダメとか、いいとか悪いとかってないと僕は本当に思っています。そうするとね、おもしろいんです。多様性があるというか、豊かというか、そうやって作った音楽のほうが、音が生き生きするんです。

稲葉　「すべてを受け入れる」という宣言というか覚悟が、本当に大切だと思います。素晴らしいです。それぞれ違う音が重なっていくおもしろさって、何ものにも代え難いものがありますよね。

大友　僕がプロデュースをするうえで、「音が生き生きすること」はすごく重要なんです。だけどね、それはどういう状態を指すのか、上手く言えないんです。みんなでアンサンブルしている時、プロの集まりでも何か音が生き生きしていないなという時があるんですけど、ふとしたきっかけでポーンと扉が開く時があって。それはプロだろうがアマだろうが関係なくあって、その時に、そのスイッチを「ポン」っと入れられるかどうかが、プロデュースの要だといつも思っています。

稲葉　いや、本当にそうですね。医療において大事なことって、その人の元気や生きる希望に刺激を与えたり、スイッチを押すことなんです。本当はそのスイッチというのは自分自身で押すものなんですけど、医師である僕が「押していいんだよ」「大丈夫だよ」ということを伝えてあげることができる。それが〝場を作る〟ということでもあると思うんですけど。

大友　「大丈夫」っていい言葉ですよね。僕もよく自分で、「大丈夫、大丈夫」って言い聞かせるんですけど、それはだいたいあんまり大丈夫じゃない時。でも呪文のように言うと、本当に大丈夫な気になったりしますよね。

音楽って？　医療って？

稲葉　大友さんにとって、音楽って何ですか？

大友　稲葉先生と話をしてきて、改めて音楽って何かと言われると、別に音楽じゃなくても何でもいいと思えてきますね。医療と言おうが何と呼ぼうが。もっと言うと、音が出ていなくても音楽に思えることもあって、音が鳴っているように見えることもある。だから僕にとっての「音楽」は音楽のかたちをしていなくてもいいんです。僕は本当に音楽のことしか考えずにずっと生きてきたので、僕にとってはすべてが音楽といえば音楽だし、その人が生き生きした表情をした瞬間に、音楽が鳴っているようにも見える。だからもう音ですらないのかもしれない。生き生きしていない音だって音楽かもしれないし。その人が生き生きしてない時に無理して生き生きしなくてもいいんですから。

稲葉　聞こえないものにも音楽を感じるというのはすごくわかります。そうした自分自身の態度が、未知の音楽を創造していくんでしょうね。聞こえる音を聞くことと、聞こえない音を聞くことは、補い合うものだと思います。

大友　稲葉さんにとって、医療って何ですか？

稲葉　人それぞれが命や体を与えられて生まれて生きていること、それに対して深い理解に至るための手段が医療なんじゃないかと捉えています。何十億年という生命の歴史の中で人類がつながってきて、自分は今こうして生きているんだということ。自分や人の体、命に触れながら、自分の命というものについても、日々学んでいる最中です。

大友　そうですね。僕にとって音楽も同じように、生きていること、そのものなのかもしれないです。

第二章

トークセッションII

ある春の日にふたたび

番組放映から二カ月経った五月、ふたりはふたたび顔を合わせた。ある程度テーマや筋道を立てたものの、それらに関係なく、ふたりは好きなように、縦横無尽に語り尽くした。前半は稲葉氏の自宅にて、後半は引っ越したばかりという大友氏の仕事場にて。その様子を写真家の齋藤《さいとう》陽道《はるみち》氏に撮影してもらった。対談の最後にふたりはまたセッションを始めた。大友氏はギター、稲葉氏は「ガンクドラム」という不思議な音色を響かせる打楽器で、譜面も何もなく即興で始まったセッション。対談と同じように、言葉にならない言葉を交わしているようなのような親密なコミュニケーションが、そこにはあった。耳が不自由な齋藤氏も全身でその音を感じていたようだった。

失われたものをたどる

稲葉 大友さんはテレビに出られることもあるかと思うのですが、僕は大学の所属でもあるので、実はテレビに出ることにはかなり抵抗があったんです。

大友 えー！

稲葉 テレビを見るのは好きなんですけど、あくまでも視聴者として見ていました。自分がテレビに出るということに対して、あまり乗り気ではなくて。今までもいくつか話はあったんですけど、結構断ったりしていて。でも、大友さんと話せるならと思って、お受けしたんです。

大友 そんなことも知らずに、誘っちゃった。

稲葉 いえいえ、僕もいいきっかけをいただいたなと思っているんですよ。大友さんだから、新たな扉を開けてもらえたんです。

大友 放映後、反響ってありましたか？

稲葉 患者さんやその家族の方から声を掛けていただいたり、まったく宣伝しませんでしたが、見ている人が意外に多かったですね。

大友 ネガティブな意見はなかったですか？

稲葉　まったくなかったですね。番組を制作してくださった方々がとてもいい感じに作ってくれていたので。第三者的に見ても、いい番組だなと思いました（笑）。

大友　僕もあの放送を見ていて思ったんですが、「死」というものに対して、僕自身があんなに話をしていたことにびっくりしたんです。稲葉先生が話すのならわかるんですけど。あれほど、死がテーマになるとはまったく思っていませんでした。きっと稲葉先生に引き出されたんだと思います。僕はそんなに日常的に死に向き合ったりはしていないですから。祖父母は死んでいますけど、親はまだ生きていますし。番組でも話をしたように、音楽にかかわる先輩たちふたりが死んでしまって、それを知らず知らずのうちに僕は受け取っているんだと、そのことに改めて自覚的になれたかな。

稲葉　人間の歴史は亡くなった人たちが遺したものでもありますよね。歴史を知れば知るほど、亡くなった方のおかげで今がある。今は失われたすべてのものから、何かを受け取りたいと僕は思っていて、それが医療の姿勢にもつながっているように思います。アートや音楽にも感じるんです。たとえばレコードもすでに失われたもので、亡くなった人のいろいろなものがそこには封印されている。それを僕らがどう受け取って、次につなげるのかを問われているような気がするんです。

録音という技術がもたらしたもの

稲葉　やっぱりレコードの質感って、何かオーラが違いますよね。

大友　うん、違います。サイズもいいし、ジャケットが古びてレコードの跡がついたり、黄ばんだりだとか、時間の流れがわかる痕跡が残っていて、それがいいですよね。CDだってもちろん痕跡はあるんだけど、やっぱりレコードの紙のほうがいい。

稲葉　そうそう、この〝手あか〟っていうんですかね。

大友　うん、手あかって大切だよね。レコードがあるおかげで、僕たちは死んだ人の音楽を譜面じゃなくて音で聴くことができるようになりました。音楽を保存して、あとで聴くというのは、すごく最近の出来事なんですよね。再現するのではなくて、実際に演奏している痕跡が明確に残っているのはすごく特殊なことで。レコードって、本来なら消えてしまうものを残しておくものなんですよね。

稲葉　民族音楽学者の小泉文夫さんも、世界のいろいろな場所へ採集に行っていますが、今までだったら口承で伝えられてきたものが、村が滅びた途端消えてしまったこともきっとたくさんあったはずで、それを残したい、伝えたいという切実な思いで、音源を録りに行ったんだと思うんです。テレビというメディアもそうかもしれませんが、当時はものすごく使命感に燃えていたんじゃないかなと。

大友 多分そうですよね。今、録っておかないとなくなってしまうという危機感はあったでしょうね。俳優で芸能研究もしていた小沢昭一さんが、一九七〇年代に旅芸人の説教や話芸を収録したものすごく貴重なレコードがあって。三河万歳とかたたき売りとか、小沢さんが録っていなかったら残っていないものがたくさんあると思うんです。その人の死はすなわち、その音楽も一緒に跡形もなくなってしまうことだった。それって、食べものとよく似ているなって思うんです。おふくろが死んだら、おふくろの味って永久になくなってしまうでしょう？　近所の定食屋のオヤジが店を閉めたら、その定食屋の味は永久にないんです。カツカレーはどこかで食べられるかもしれないけど、そのオヤジのカツカレーはもうない。音楽もそれと同じ感じがしていて。

稲葉 録音したら残るということがあたりまえになってしまったことで、記録媒体としての音楽と最初に出会った初期の感動が失われている感じはありますよね。

大友 昔はどんな感じだったんだろうって思いますね。録音ってすごく貴重なことだったはずだけど、今はもうレコーダーがあって、誰でも簡単に録れてしまう。写真もそういうものだったかもしれないね。

稲葉 そうですね。昔は肖像画として描いて残す時代もあったわけですし。今なんてスマホで誰でも撮れる時代ですからね。昔の写真が僕はすごく好きで、ちょうどここにあるんですけど、小学館から復刊された『百年前の日本』という写真集。大森貝塚を発見したモース博士のコレクションだそうです。

大友 へえ、百年前の写真ですか！

稲葉 これらの写真を見ていると、昔、よく言われていた「魂が抜かれる」という感じがすごくわかるというか。この時代の写真の質感って、たしかに〝そこにその人がいる〟という情報が転写されて、写真の中に閉じ込められているようなリアリティがあって。

大友 飽きないですよね。昔の写真って何度見ても。

稲葉 一枚一枚、撮る時間もかかっていると思うんですが、そうした時間も全部この中に込められている気がするんです。当時の人が感じた「魂が抜かれる」という実感って、すごく大事だと思うんですよね。今の時代ではなかなかそうは思えないかもしれませんが、永久に不変なものとして、ここに閉じ込められるということはとんでもないことだったはず。写真としては、その人が死なずに生き続けているわけですから。情報として不死化することに「魂が抜かれる」ような恐怖を感じたはずです。でもこうした写真の技術があるからこそ、百年前を知ることができるわけで。

大友　百年前ってもう別世界ですよね。外国に行くよりも。

稲葉　音楽とか、医療とか、暮らしとか、この時からだいぶ変わってしまっていますよね。

大友　痕跡を残しているもののほうが少ないくらいじゃないかな。この時代だと、人のしゃべり方も全然違ったと思うんですよね。口語の文章を書き写したものとか、今とやっぱり違いますし。変わっていく最中ってその変化を認識することは難しいんです。でもある瞬間を記録することで、その変化を認識できる。音楽もそうで、録音という技術が発明されるまでは、どう変化していたか客観的にはわからなかったんじゃないかなと思うんですよ。自分の音を録音して自分でそれを聴くということを、昔の人は経験したことがなかったはずで。でも、僕らは録音した自分の音を聴くと、その音を自分の中でもう一度再構成してしまう。そうすると演奏も変わってきちゃうんです。録音を経験した以降のミュージシャンとそれ以前のミュージシャンだと多分何かが違うような気がします。自分の演奏を録音で聴くのはかなり特殊な経験なので。もともと人間というのは、自分の演奏を客観的に聴くことはできなかったんです。自分の録音した声を聴くとこんなはずじゃないってよく思いますけど、それが本当なんですよね（笑）。

百年前の日本

主観の世界から、客観性を知る時

稲葉 昔は、主観的な体験と、客観的な情報を比較することができなかったんですよね。みな主観的な世界だけで生きてきたわけで。自分の感覚を大切にして、それがどういうものかというのは客観視できなかった。だけど、こうして写真で撮られた自分を見るとか、録音された音を聴くとか、自分を客観的に見ることは、人格にすごく影響を与えるような気がします。

大友 時間の経過に対する見方も変わってくると思うし、死に対しての考え方にも関係してくるんじゃないかな。

稲葉 関係があると思います。比較することは相対化することなんですね。前回の対談でもお話ししましたが、僕は子どもの頃、体が弱くてずっと入院していました。まだ小さかったから死というものを客観視していなかったわけです。自分の中では、死というものは生の中に入り交じっているものだった。だけど、「この子はなんてかわいそうなんだ」という言葉を聞いた時、初めて自分の人生を相対化したんです。それまでは誰とも比較したことがなかった。自分の人生は自分の人生として、夜が来たから寝るみたいな感じで、寿命が来たから死ぬ、そんなものとして淡々と捉えていました。今思えば、「いかに生きるか」という質の問題が、人生の長さという量の問題にすり替えられたような気がしたんでしょうね。つまり、五年生きるより十年生きるほうがいいといったような。その違和感に対して、子どもなりに抗っていたんでしょうね。そういう問題じゃないという思いはあっても、まだその時は言語化できないわけですよ。

大友 子どもって、自分が見ている世界がすべてだから、それ以外の世界と比べることって、あとになってみないとわからないことってありますよね。

稲葉 子どもの時の感性ってひとつの小宇宙として完結しているようなもので、自分はみじめなのかなとか、かわいそうなのかなとか、ほかと比べる必要なんてなくって、日々を楽しく過ごせればそれで十分なんですから。僕は今でもそうありたいなって思います。

大友 死という究極的なことに子どもの頃から近いところにいたというのは、かなり特殊な状況ですよね？

稲葉 医療の道へ行くことを運命づけられていたのかもしれないですね。僕が診ている先天性心疾患を持つ子どもたち本人は、意外とそんなに困ってないんじゃないかなと思う時があるんです。見ているとどうも、まわりの大人たちが困っているようなんですよ。本人はまだ子どもなので言葉で表現できない子もいるんですが、「かわいそうで」とか「本当に大変で」と言うのはだいたい親なんです。でも僕は本人と話をしたいから、本人に「どうなの?」と聞くと別に困っていないように思える。まわりが困っていることに対して、医療者も一緒に困ってしまって、結局本人が置いてけぼりになってしまう。本人は寿命があと何年だろうが、障がいがあろうが、みんな親切だし、それなりにやっていますよっていう顔をしているんです。僕が小さい頃見ていた世界と、すごく重なるところがあって。それが情報化社会になって、自分を客観視する機会が増えたことで、本来自分だけが持っている感覚がわからなくなって全体的に混乱しているのかなと感じることがありますね。

ニュースにおける情報としての死

大友 僕自身、子どもの頃、まわりで死んだ人っておじいちゃんくらいだったんですけど、実感が全然なかったんですよね。すごく仲が良かったんですけど、僕は泣いた記憶がなくて、むしろ親が泣いていることにびっくりした記憶があって。それよりも怖いなと思ったのがニュースで見る死でしたね。近所の踏切で人が轢かれたという

稲葉 ニュースを見て、踏切を見るだけで貧血になりそうになるくらいの恐怖感があって。すごくおびえていたけど、死っていうものが何だかわかってなくて、ただ怖いっていうだけだったかな。

観念的な死というか、頭の中に浮かんでくる「情報としての死」のほうがよっぽど怖い気がしますね。話は少しそれますが、今朝、ラジオで大友さんの番組を聴いていたんです。楽しく聴いているとCMに入って、いきなりニュースが始まって。深刻な声で「どこどこで何人が死んで」と話し始めた。その話題の落差に、「一体何なんだ？」と心をかき乱される感じがしました。楽しく音楽やトークを聴いていたのに突然、少女が誘拐されて殺された事件の話が始まったり。その話題を大友さんが言っているんだったら、その連続性を多少は受け入れられるかもしれないけれど、違う人が突然深刻なニュースを差し込んでくるような印象を受けたんです。

大友 カットアップでびっくりするような、普通に生きていたらあり得ないような現実が入ってくる。

稲葉 それって、現代人の死生観にものすごく影響を与えているんじゃないかと思うんです。全体を俯瞰している人ってリスナーなんですよ。ニュースの人はニュース、大友さんは大友さんの番組を担当していて、それぞれ一生懸命やっているだけで。だけど、リスナーである僕らは連続したひとつながりの体験として受け取るわけですよ。聴き手の心理に対して奇妙なかたちで、深く食い込んでくるんです。そういう違和感を覚えました。

大友 考えたこともなかったです。ニュースや天気の情報が流れている時って、番組を作っている側にしてみれば休憩時間くらいにしか考えてなかった。

稲葉 音楽を楽しんでいる最中に、どうしてそんな悲劇的な話を聴かされなきゃいけないんだろう、と。ある意味すごく暴力的なんですよ。突然入ってくるから耳をふさぐこともできないし、ラジオを消すことしかできない。そういうことに対してのセンシティブな感性を報道やメディアの人はもっと持ってもいいんじゃないかと思いました。

大友 それは自分のことを考えても、完全に欠けていると思います。よく「縦割り行政」っていう言い方をして行政を批判するけど、自分たちだって完全に縦割りで、十時から十時五十五分までは自分の番組で、五十五分からは天気予報が流れてニュースが始まって。それはあくまでもメディア側の都合であって、リスナーはそんなこととは関係なく、ずっと聴き続けているんですよね。

稲葉 聴き手は大友さんの番組として、その流れの中で聴いていますよね。ラジオは情報を伝えるメディアなのはわかっていますが、あえてここに差し込む必要がある情報なのか、今ここで緊急性を持って伝えないといけない情報なのか、そういう全体的な視点が抜け落ちているような気がしますね。

大友 たしかに、報道の人と僕らの番組の人が話し合うという機会すらないし、あらゆるメディアがそういうことになっていますよね。

稲葉 あたりまえすぎて、誰も何とも思っていないかもしれないですが、僕はそういうことに対してつねに違和感があるんですよね。違和感を持ち続けることに関しては才能がある（笑）。最初にこれは変だなと思ったら、変だなと思い続けるんです。そして、その違和感やずれを感じることこそが大事なんです。だから、今日もどうしてなんだろうなと思っていました。そして、ニュースから突然流れてくるのはだいたい、死の話なんですよ。

大友 しかも、普通ではないような、恐ろしい死。

稲葉 みんなが恐れているものって、実は「情報としての死」なんじゃないかと思いますね。「情報としての死」は流動性がなく固定化されたものですから。頭の中に情報として入ってくる死と、自分の中にある未知のものに対する恐れの感情が自動的に連結してしまって、恐怖を増長させてしまう。

大友 作り手も受け手も、過剰に反応しているところはあるかもしれないですね。原発の事故の時も、放射能に対する反応が、安全か安全じゃないかという議論以前に、かなりヒステリックな反応だった気がします。

稲葉　情報自体におびえる感じがありますよね。得体の知れない放射線が見えないところに充満していて、そういう情報そのものに対して恐怖が連鎖していくような。それってなかなか難しい問題です。

大友　やっかいですよ。科学がわかりやすく答えを示してくれると安心すると思うんですけど、科学がわかりやすい答えを示してくれないものに関しては、恐怖が暴走しますよね。

稲葉　恐怖にかられた人たちに話をしてもヒステリックな反応しか返ってこない。糸がからまったみたいになって、何から説明すればいいかもわからなくなってくる。そこに、テレビとかインターネットとか、いろんな情報が錯綜して、さらに混乱させてしまう感じがありますね。

大友　僕が生まれて物心ついた時には、もうテレビがあった第一世代。親の世代はラジオで、そう考えると、今言ったみたいなカットアップのような情報の刷り込みを受けてきた人しかいないということですよね。

稲葉　テレビ番組も内容おかまいなしに突然ＣＭに変わる。子ども心に、このＣＭで宣伝する商品を消費してもらわないと困る社会なんだなと、テレビを見ながら感じていましたよね。この社会はどうも大量に消費させることで社会を回転させているんだなって。

大友　子どもの頃、そんなこと感じていたんですか！　俺はただ口を開けて「うわーすげー」って言いながら「スーパージェッター」見てただけだもんな。

稲葉　「スーパージェッターってすごいな」と思っていたところに、突然別の情報が入り込んできて、そうした楽しさを阻害しようとする違和感のほうが、気になっていたんだと思います。たとえば、手塚治虫の漫画を読んでいると、誰にも邪魔されることなく、その世界に入り込めるんですよ。けれど、テレビになると「鉄腕アトム」でさえ、突然、「とにかくものを買ってください」というCMが次々に入ってきて、また突然何事もなかったかのようにストーリーに戻る。テレビを見ていると、そこにある物語性みたいなものが崩れてしまって、自分の意識の流れがつながらずに混乱した記憶があります。小説やレコードだったら、それだけで物語が完成しているんですけど、突然、一方的に「これを伝えたいんだ」という、ある種のエゴで差し込んでくる。そうした報道やメディアの前提そのものに対して、違和感を持っていたんでしょうね。

大友　本来、メディアが出る前はそんな状態は起こり得ないわけだから、かなり特殊なことになっているということなのかな。

稲葉　そうでしょうね。思考自体が、まだらでパッチワークな構造を基礎として作られていくような気がします。人は良くも悪くも環境によって育まれる存在ですから。古代人と現代人との溝は、そうしたことにもあるかもしれませんね。

大友　俺の場合は、むしろ快感だったかもしれない。音楽を作り出した最初の頃、テープをカットして貼り付けたりして、全然違う音楽を作る遊びを始めたんですよ。思いを込めて作ったものをぶち切るってかなり失礼なことかもしれないけど、どんどんつないでいくとめちゃくちゃなものができて、それが僕にとってはおもしろくて。それって、もしかしたら、子どもの頃から見ていたテレビに影響を受けた身体性なのかもしれないな。情報に対してどっかで麻痺させているのかもしれない。「誰々が殺されました」ということに深刻に向き合っていたら生きていけないから、「あぁ」と思うだけで思考もカットアップしてしまう。本当なら、誰かが死んだことはものすごいことなんですよね。

稲葉　僕はそういうニュースを聞くたびに傷つきます。電車が人身事故で止まった時、車内で誰かが舌打ちしたりする光景が、すごく怖いんです。電車が止まったことしか考えていないけれど「人が死んでいるんだぞ」と。どういう人生だったのだろうかと、黙とうして死を悼む気持ちが自然に湧き起こります。同じことをまったく違うものとして受け止めているんですね。

僕ら医療者は、ひとりを救うためにとても大変な思いをしていて、それでも上手くいかないことも多くて、そういうことに一喜一憂しています。だからこそ、人の死が単なる情報になってしまった時、すごくやるせない気持ちになるんです。自分ががんばって助けた人や、治療の甲斐なく亡くなっていった人がいて、一人ひとりの死はとても重いものなのに、ある状況においては死が情報として消費されている。ひきこもりや鬱の人って、そういうことにダメージを受けている人たちなんじゃないかと僕は思っているんです。感受性が豊かなために、心を締め付けられるような思いをしているんじゃないかと。僕ももしかしたらそうなっていたかもしれないと、他人事に思えないんですよね。

大友 僕も、自分の小さい頃のことを思い出すと、ニュースにいちいち衝撃を受けていました。いつのまにかだんだんと麻痺させてきたのかもしれませんね。

稲葉 社会に適応するために、麻痺させないとやっていけなかったんだと思います。

「恐れ」ではなく「愛」の感情で人を動かす

大友 ニュースでいつも思い出すのは、三島由紀夫の割腹自殺のことなんです。たしか小学六年生だったんですけど、その時に生首の写真が新聞に出たとクラスの子が言っていて、僕は見たいと思ったんですよ。死体を見たいっていう気持ちってあるんですよね、ポルノと同じように。それって何なんだろうなって。その気持ちにいまだに決着がついてないんです。

稲葉 週刊誌とかの存在理由ってそういうところにありますよね。「見たい」という覗き見趣味的な人間の暗い部分に刺激を与えて、それを消費する。インターネットも、人の暗い部分を刺激する側面もあると思います。情報がどんどん拡散されて消費されていく。それも恐ろしいですよね。

大友 恐ろしいです。簡単に同意する人が現れて、集団でヒステリックになっていく感じとか、震災の時に身を以て怖いって思いました。雪崩のように人の意見が動き出すのは、どういう方向にしろ、すごく怖いですよ。

稲葉 自分の頭で考えるということを半分放棄しているというか、とにかく声の大きい人がいて、信頼できる人ならばついていってしまう。僕は「いやいやちょっと待ってくれ、本当にそうなのか。ちゃんと自分の頭で受け取って考えて、自分で結論を出したほうがいいんじゃないか」ってつねに思っています。

大友 思いますよね。でも、そういうことを言おうものなら、すごい目に合うこともあって、恐怖すら感じたり。

稲葉 多勢に無勢というか、集団になるとそういうところってありますよね。

大友　ありますね。僕は音楽をやっているから、集団のそういう力をいい意味でも経験していて。たとえば、何千人がいて、そこで僕が音を出して「うわー」っと歓声が上がる時、びっくりするくらいの快感なんですよ。普通の人があまり体験できない感覚だと思うんだけど、脳内から何かの物質が出てるんじゃないかというほどの快感。音楽ならいいんですが、たとえば同じような集団の熱狂がヒトラーの映像でも残っていますよね。きっとあの中にいたらものすごく気持ちいいことなんだと思うんですけど、おっかないですよ、集団で同じ方向を向くって。

稲葉　それが戦争みたいなことと結びつくと、危ないですよね。人を動かす時、そうした人間の弱さを利用したいと思っている人がいるから成立してしまう。

大友　人間って恐怖を刺激するのが一番動きますよね。

稲葉　恐怖というのは根源的で、最初に学習される感情でもあるんです。恐れという感情は、自分自身で解決しなきゃいけないものだと僕は思っています。代替医療や伝統医療をいろいろ見てきて気づいたのは、本物と偽物の違いは、その行為を愛からやっているか、恐れからやっているかだということです。恐れからやっている人も同じくらい力が強い。つまり人の不安を刺激するんです。「そのままだとガンになりますよ」とか「そのままだと死にますよ」とか、人の恐れに対して刺激を与えて人を動かすのは、結局、医療者や施術者自身にも恐れがあるからなんです。「このままでは危険ですよ」と脅す、医療に関するテレビ番組の多くはそういう作りになっています。それは、決していい方向に向かっていきません。体も緊張して萎縮します。医者と患者が共依存的な共犯関係になって、そこから出られなくなってしまう。本当に大切なのは、愛情を持って体に向き合っているかどうか、なんです。

大友　一般の人はそんなふうに言われたらビビりますよね。

稲葉　専門家と一般の人の間では情報格差もあります。恐れによって人を動かすことは、プロとして決してやってはいけないことだと思うんですが、無意識でやってしまっているんでしょうね。こっちに注目してくれるための有効なコミュニケーション手段として、無意識的に獲得してしまったんだろうなと思います。

大友　それはすごく身につまされる問題ですね。震災の時も、放射能という知らないものに対する恐怖をみんなが感じていて、その恐怖感を背景に行動したり、発言したりすることに対する違和感がありました。今の言葉ですごくよくわかります。

稲葉　僕も震災の時、不安や恐れとは違う言葉でちゃんと説明しないといけないと自分に課していたんです。恐れから人を動かしても、それが本当にその人のためになるのかというと、そうは思えなかった。

大友　今だと、北朝鮮のミサイルのこともありますしね。

稲葉　不安とか恐れで人を揺さぶって、その間に何かを決断させて物事を進めていこうという戦略的なものを感じます。手っ取り早くて有効なんですよ。でも、そうしたことを解決するには、人間というものの深い理解に至らないといけない。世界が平和になるとか、多様性と調和が実現していくためには、結局人間という存在の深さをみんなが理解していくということに着地するんじゃないかと思いながら医療をやっているつもりです。

「和」と「礼」、「型」に詰まっている知恵

大友　すごく長い人類の歴史をみると、いろいろ危機はあるにせよ、多様性と調和に向かっているように思うんですよ。いい方向に向かっていると思っているんだけど、今、少し揺り戻しがあって、なんとなく多様性を排除しようとしているようにみえる。日本だけじゃなくて、世界中でね。でも長い目で見たらそれは一時のことで、実際には多様性に向かっていくと思っているんです。そっちを信じたい。

稲葉　孔子の『論語』に、音楽というのは「和」を作るもので、仲良くしていくためのツールであると書いてあるんです。

大友　えー、そんなこと書いてあるんですか。

稲葉　孔子は、音楽をすごく重要視しているんですよ。教養であり、嗜みとして。そして「和」と同じくらい大事なことが「礼」だと言っています。みんなで仲良くすることも大事で、音楽は人をつなげるものである。ただそこには礼儀が必ず必要だと言っているんです。

大友　いいこと言いますねえ。

稲葉　インターネットってそこが欠けているんじゃないかと思いますね。ネットの世界はたしかに境界を越えてどんどんつながっていく世界ですが、そこで礼儀が失われると、バラバラなつながりになりますね。多様性を隠れ蓑にして、ただ失礼な人になってしまっている。「和」と「礼」が同時にないと、「和」も成立しないし「礼」も成立しない。そういうことが古典には書いてあるんです。

大友　前回の対談でも話しましたけど、「型」を作ることが医療行為になるという話。「型」は、「礼」にもつながってくるんですか？

稲葉　いわゆる武道でも茶道でも能でも、体の動きの問題として含まれています。「礼」ってお辞儀するじゃないですか。普通の人の「礼」って腰だけでやるんですけど、本当の「礼」は股関節を曲げるんです。

大友　僕はもっとひどくて、首だけでやってたな（笑）。

稲葉　ガラケーがパタンと折り畳まれるように股関節から上半身を曲げると、するほうもされるほうも気持ちいいんですよ。構造原理に適った体の動かし方は、やっているほうも気持ちがいいし、見ているだけでも気持ちがいいんです。「礼」は体の問題でもあるんですよね。それが本当の「型」の世界だと思います。「礼」はお互いに向き合わないと成立しませんし、人間関係にもつながります。「礼」も体の技術としての「型」の世界の中に、組み込まれていると思うんです。とにかく「型」を守ればいいと言われても、どういう意味があるのかよくわからないと思います。自分も医師として体のことを深く探求していくなかで、「型」の世界を別の視点から見直してみると、すごく深い体の世界を表現していることに気づくんです。「型」にはいろんな知恵がタイムカプセルのように詰まっていて、体の動きが簡潔にまとまっていてすごいなと、日々発見しています。

音楽における「型」

大友　若い頃は「型」を学ぶのが苦手でした。ギターをやってもフォームとか、先生にちゃんとやれと言われるんですけど自己流になっちゃって。今すごく後悔していますけど（笑）。

稲葉 楽器は、その人にあった動きがありますからね。

大友 たしかに、ピアノの指も手の中に卵を入れて弾くようにしなさいと教えられるけど、とくに根拠はなくて、いいピアニストを見ているといろいろなんですよね。自分の体の動きに一番合った動きをすればいいんだと思うんですけど。とはいえ、若い頃は「型」のことなんて全然考えてなかった。何でもいいよって思っていたな。

稲葉 教えるほうもきちんと説明できなかったというのもあると思います。とにかく黙ってこれだと言われても、やるほうもおもしろくないですよ。イヤだってなるのは当然で。「型にはまった」という悪い意味での表現もありますしね。ただ「型」は、本来は合理的で、身体感覚に合ったものだったはずなんです。それを見直すことが今は大事なのかなと思いますね。ちゃんと体の使い方を知ったうえで、歩き方とか立ち方とかを学ぶことは、医療的にも大事なんじゃないかなと思っています。

大友 今になって、そうだなって思えるようになりました。バイオリンとかギターもそうだけど、本来、人間として無理な体勢なんですよ、楽器を弾くって。ギターを弾くのも猫背にならざるをえないし、バイオリンも腕を上げて首を曲げます。楽器をやる人が体を壊す例を書いてある本があるんですけど、無理なことをしているから、ど

うしたってそうなりますよね。

稲葉 趣味程度にしている場合には、そんなにひどいことにはならないでしょうけど、仕事として日常的にするのは大変ですね。

大友 アスリートに近いくらい、音楽家も体を酷使しているんです。当然この年齢になるとガタが来るから、力を入れないで弾く方法を考えないとやっていけない。クオリティを落とすのではなくて、力を入れなくてもいい方法をだんだん身につけていくというか。

稲葉 古武術の世界はまさにその世界で、筋肉じゃない体の使い方を習得していく。江戸や明治の人が米俵をひょいと担いで歩いていたのも、筋肉で持っているんじゃなくて、要は体の使い方なんですよね。音楽家もスポーツ選手も「体を扱う人」という意味では共通の問題だと思っています。医療者も勉強しないといけないですね。

大友 長くやろうと思ったら、あるレベルで、必ずぶつかる問題だと思います。じゃないと、腰とか腕とかを壊すんです。若い時のように力任せのままやっていると。先輩たちがある時期からだんだんと演奏する姿勢を変えていってるのを見てきたんですよね。僕も四十歳を過ぎた頃から腕にしびれがくるようになって、力任せでできたことがだんだんできなくなって、若い人にはかなわないなって。でもそんなふうに今はやりたいとは思わないんです。それは自分の体の限界を身を以て知っているからだと思う。あと「いい音は何なのか」という考え方が年齢とともに変わってきましたね。いい音の定義も難しいんですけど、若い頃にいい音だと思っていたものと、今思っているものが微妙に違ってきて。いいと思う音は、自分の体との関係性の中で生まれてくるような気がしていて。今の音のほうが自分ではいいと思っているんですよ。

稲葉 若い頃の音を聴いたら、今どんなふうに思うんですか?

大友 うーん、二十五年前の演奏を聴いたら、今の俺にはこの演奏はできないなと思いますね。やろうと思ってもできない。でも、やりたいとも思ってない。このスピード感は今はもう出せないけど、違うスピード感なら出せるという感じかな。

物語を追体験する音楽

稲葉 昨日、東京芸術劇場で開催された「ボンクリ・フェス二〇一七」*に行ってきたんですが、大友さんの演奏がすごくよかったんですよね。音楽の中に物語があって、それを追体験しているような気がして。いろいろなイメージが自分の中にポコポコと

大友　勝手に湧いてきて、我ながら不思議でした。ありがとうございます。この依頼があった時、もともと現代音楽が大好きですから、現代音楽のような曲を書いたほうがいいのかなって一瞬思ったんです。やっと現代音楽の仲間入りができると思って。だけど、現代音楽の偉大な作曲家である武満《たけみつ》徹《とおる》さんや一柳《いちやなぎ》慧《とし》さんにかなうわけないし、そうじゃなくて自分のことをやろうと最終的には思って、ああいう曲を作ったんですよね。一緒に演奏する人たちの何人かはすでに知っていて、トランペット、トロンボーンのふたりは一緒によく演奏しているし、ギターの佐藤紀雄さんやピアノの中川賢一さんの演奏は知っていたので、そのあたりを手掛かりに曲を書きました。知っている人をイメージしながらだと曲ってよく書けるんです。全然知らない人だと書けない。「佐藤さんにこんなの弾かせたいな」とか「中川さんならこんなのやってくれるだろうな」と思うとできあがっていくというか。

稲葉　そうしたリアルな人との親近感や関係性が核になっていたのは僕も感じましたね。核となる印象的な場面があって、それがチャプターのようになっていて、章と章の間をつなぐように、演奏者が自由に即興的に演奏しながらその場の感覚で紡いでいるような印象を受けました。

大友　そのとおり。僕のクセでもあるけれど、ドラマチックにつないでいったんですね。

稲葉　演奏する人が見えるのって僕にとってはすごく大切で、ただギターに曲を書くんじゃなくて、ギターの誰々さんに書くっていうんじゃないと出てこないんです。

大友　武満徹さんも、指揮者の小澤征爾さんと意識的に組んでいましたよね。

稲葉　そうですね。武満さんはほかにも、琵琶奏者の鶴田錦史《つるたきんし》さんが弾くために作曲しているわけで、ただ琵琶奏者に書いているのではない。本当はそれが自然なんじゃないかな。実験音楽家のジョン・ケージもそうだったといわれていますよね。演奏してくれるピアニストがデイヴィッド・チュードアだってわかっているから書ける。だから僕の場合は、単に楽器編成だけではなかなか曲は出てこないんです。

大友　個人と個人との関係性の中で立ち上がってきたものであるはずですよね、本来的には。

稲葉　そう、それが大切。譜面だけあれば誰でも同じ演奏をするかというと、そんなことは決してなくて。僕の場合はとくに、譜面にはあんまり書いてなくて、リハーサルの時に口で伝えることのほうが大きかったりするので、十五分の曲だと一枚ペラッてあるだけ。大切なのはリハーサルの時にどれだけちゃんと説明できるかなんです。譜面に書いてある情報って全体の中の三割くらいで、あとはその場でちゃんと口で伝える。なので、この人にはこう言えば伝わるっていうのがわかっているとすごくやりやすいかな。人間関係ができていると話が早い。昨日の曲をまったく同じ

稲葉　編成で、会ったことのないアンサンブルが演奏する場合、僕の譜面だけ渡しても同じものになりようがないんです。僕はそういう作り方をしています。

大友　大友さんの曲を聴いていたら、頭の中で物語のイメージが泡のように浮かんできて驚いたんですよね。土手の風景とか、夕陽とか。

それはすごくうれしいですね。

稲葉　写真家の齋藤陽道さんも一緒に行ったんですが、彼は耳が不自由なので、コンサートに誘うのはどうしようかと思ったんですよ。でも一度、大友さんの演奏を見てほしかったのと、場の空気を感じてもらいたくてお誘いしたんです。終わった時に彼からメモで感想をもらったんですが、最初はやっぱり退屈だったんだけど、皮膚から倍音、つまり音の振動が無数に重なったような響きみたいなものを感じて、ずっと悩んでいたことがあったけど、突然名案が浮かんできて音楽を聴いている間に解決したと書いてあったんですよ。

大友　そうだったんだ。

稲葉　そういうことが、実は大事なんじゃないかって気がしましたね。論理的にこのメロディーがどうこうと考えて味わうよりも、音楽を全身で感じた時に自分が変わってしまうような体験というか。いろんなイメージが湧いてきて、劇場に入ってきた時と出た時では、自分が変わってしまっているような。まったく未知のことが自分の中で起きているということですよね。奇をてらうとそういうことが起きるわけでもないと思いますし、作り手と演奏家の物語性だったり、倍音や振動が体や心に与える影響だったり、僕らがそこから何かを受け取ることで、自分の内側に変化が起きるんだろうなと。不思議な体験でしたね。現代音楽の可能性を感じました。

大友 うん、可能性はすごくあると思います。

*ボンクリ・フェス二〇一七 作曲家・藤倉 大氏がディレクターを務める音楽イベント。「ボンクリ」とは「ボーン・クリエイティブ」=「人間はみな、生まれつきクリエイティブだ」という意味。

音楽のネイティブと融合

稲葉 大友さんが札幌国際芸術祭で一般の人たちを巻き込んでやるのも、現代音楽の発展系のようにも思えます。先が読めない、未確定因子を取り入れつつ、それによって逆に動きを作っていくというような。

大友　二十世紀の現代音楽がなかったら、多分今の僕はないですよ。あの時代の人が切り拓いてくれたおかげで僕がいる。それと同時にビートルズとかのポップスも聴いて育って、全部ごっちゃになっているんです。さっき話に出たラジオの悪い面じゃないけど、本来なら並ばないものが並んでしまう感じがありますよね。本来なら並ばないものが並んでいる時代に育ったなかで、どういうふうに自分の音楽を立ち上げていくか、という最初の世代なんです。それ以前は自分の民族とか、自分の所属しているサークルの中で音楽をどう発展するか。たとえばニューオリンズで二十世紀初めに黒人として生まれたらジャズとかブルースをやるって選択になったんだろうけど、今は自分の音楽のネイティブが何だかすらわからない人がいっぱい出てきている。その中で、どうしていったらいいんだろうということから始まった気がするんですよね。

稲葉　集合知というか、すべてを寄せ集めていって、離島だったものがひとつの大陸になっていくような感じでしょうか?

大友　それがどんどん起こってしまうと、もともと離島だった個別のすごい民族音楽的なものとかは、滅びてしまって残らないですよね。一度、ほかの音楽のリズム体系を知った人はもう戻れない。最近、インドネシアに行った感覚でいうと、インドネシアって良くも悪くもそういうことが普通に起こるんです。ガムランもここ百年ですごく変わっているらしいんですよ。それはガムランの中だけで変わっているのもあるけど、ほかからの要素もいっぱい入ってきてしまっていて、しかも彼らはそれを厭わないんですよ。お祭りを見ていてもそう。伝統的に担ぐものにLEDライトがいっぱい付いていたりする(笑)。「これって伝統的なお祭りなんじゃなかったの?」と。東南アジアは、そういうことがわりと大胆に起こってしまうかもしれないですね。もしかすると、過去のものが尊いという考え方では動いてないような気がするな。つねに変わっていくことがあたりまえというか。

稲葉 核となるものはずっと残りつつ、あらゆる要素を取り入れながら時代とともに生き残っている。

大友 そう。LEDが光ろうと、担ぎ手の靴がナイキだろうと、インドネシアの人にとっては生きているものに変わりない。昔ながらのものはもう博物館にあるものというか、昔をキープしようとした時点で、それはもしかしたら終わってしまったものなのかもしれない。そういう意味では正直何がいいのかわからなくなりますね、東南アジアに行くと。

稲葉 そう考えると、日本は古いかたちのまま残っているものも多く、そこに美意識を感じます。東大寺のお水取りとかもそうですが、八世紀の奈良時代から二十一世紀の今も続いていて、一三〇〇年くらいの古代と現代とが矛盾なく一体化している。日本の伝統文化は古式のかたちを大切にしていて、そうした美意識が魅力的だなって思います。

大友　昔、サンバを習った時、自分の中にないリズムを習得するのが大変だったんです。それに比べて音頭は、何の苦労もなく、すぐにできた。僕のいう音頭は、戦前くらいにできた、いわゆるポップスとして生まれたもの。「東京音頭」とかね。それが、僕の音楽的なネイティブに一番近いんだと思います。クレージーキャッツの「スイスイスーダララダッタスラスラスイスイスイ」とか、ああいうのはすぐに演奏できちゃうんだけど、サンバのビートって本当に大変なんですよ。見かけ上は、ほぼ同じようにできるようになっても何か違うって言われるんです、ブラジルの人に。多分言葉のなまりと極めて似ていて、通じるように話せても、ネイティブでないことはばれてしまう。音楽もそうで、ジャズも僕らの先輩の演奏を聴いたら、すぐに日本人だってわかる。でも、今の若い人の音楽を聴いてもわからない時がある。上手にネイティブっぽく聞こえるんです。僕ももうちょっとかっこいいビートのネイティブだったらなって思うんだけど、心のどっかで音頭がかっこいいと思えてなかった自分がずっといるんですよね。「かっこ悪い」「田舎くさい」って思っていた。若い頃だとロックがかっこいいと思ったし、南米の音楽のビートとか聴いて本当にかっこいいいって思ったりしてね。無防備にそういうこと考えちゃうんですよね。どうしてラテンとかロックとかをかっこいいと思って、音頭をかっこ悪いと思うんだろうって。

稲葉 人間って、本質的に自分と違うものを求めるというか、異性を求めるみたいなものと一緒なんじゃないですかね。僕もモータウンのソウルミュージックがすごく好きで。ジャクソン5時代のマイケル・ジャクソンが大好きなんです。でもあれは日本人には無理ですよね。

大友 あれはかっこいい。でも、日本人がやるとギャグになりかねない（笑）。

稲葉 中高生くらいの時にすごくはまって聴いていたのも、永遠に僕がたどり着けない、まったくの異質のものに対する憧れのような感覚と、でもそこで何か共通して重なる部分があるからこそ聴いていたわけで。僕も若い頃、日本的なものがダサいと思っていた時期もあって、それは一度離れてみないとわからないのかもしれない。異なったものに魅力を感じるっていうのは、自分に欠けたもの、自分にないものを求めることなんだと思います。

大友 十代の頃はレッド・ツェッペリンとか見ると、足長くて、かっこいいわけですよ。僕らが一生懸命パンタロン穿いて、ギターを下に持っても、全然レッド・ツェッペリンになれない（笑）。

稲葉 ラメがついた衣装とかもそうですよね。

大友　そうそう。でもあれを着こなせない俺の体型って残念だなと思ったり。
稲葉　日本人はやっぱり着物が合うんですね。
大友　浴衣着ると自分でも似合うなって思うんですが、ちょっと残念だなとも思うんですよ。
稲葉　でもそれが外国の人から見たら、クールとかかっこいいとか見えるんでしょうしね。
大友　ヨーロッパの友人が来た時、温泉に行って浴衣を着るじゃないですか。その着こなしのダメなこと！　そうか、その逆のことなのかなって思うんだけど。

西洋と東洋の体の捉え方

稲葉　いいかたちで、文化が交わっていくといいですよね。日本にいるからこそ、異なる世界のものを受け入れて取り入れる。西洋の人は日本や東洋のものを求めて、受け入れて取り入れる。そうやって文化って互いに補完し合って循環していく。今はどちらかというと日本の素晴らしいものを海外の人が再発見したりしていますよね。盆栽の世界観って、海外の人にはかっこいいみたいなんですよ。箱庭の中に宇宙を作るというコスモロジーがおもしろいみたいですね。茶道も同じで、狭い茶室という空間の中にひとつの小宇宙を作っていく。空間の中に、哲学にも通じる美意識が入っている。僕らには知らず知らずのうちにそういう日本の考え方や文化が別のかたちを経由して染み付いていて、それが逆に近づきたくないって若いうちは思うけれど、海外から見れば日本という風土でしか育たないものだと気づくことができる。そうして自分自身を知ることができる土壌がやっとできあがってきたんじゃないかなと思いますね。

大友 多分、初めて海外と出会った頃は、そんな次元じゃなくて、急速に西洋化を推し進めていたけれど、今はそうではなくなりましたね。だから若い人のビートはネイティブに近く聞こえる。

稲葉 医療もそうだと思うんです。明治時代、ドイツ医学が入ってきて「これはすごい」と明治維新のあとに日本の医師の国家試験にドイツ医学が採用された。それまでは漢方医がいたけれど、全員無免許医になってしまったんです。たとえ名医だとしても無免許医になってしまうわけですから、それはおかしいという反発も当然ありました。しかし、結局それは認められなくて、西洋医学だけが正式な医療として国のお墨付きで認められることになった。でも、やっと日本を客観視できるようになった今、日本の伝統の中にあったもので、西洋医学とまったくひけをとらないような、

大友　科学という巨大なシステムとはまったく違う世界があるということに、みんなが気づいて見直す時代が来ているんじゃないかなと僕は思っているんですけどね。

音楽の場合は結果を出さないといけないものではないから、たとえば一旦衰退したような伝統音楽でも、わりと簡単にというか安易に今の音楽の中に取り入れることがありますが、医療って結果を出さないといけないうえに、漢方の名医みたいなものの伝統が途切れてしまったりして、なかなか難しいんじゃないですか？

稲葉　結果の見方が大きく変わったんじゃないかと思いますね。西洋医学というのは、短期的な結果がとにかく大事なわけですよ。がらりと人間の体を変える力がある。

大友　薬を飲んで、元気になるみたいな。

稲葉　薬という化学物質で変えたり、手術で取り除いて体を変えてしまうとか、短期的な視点ではすごく効果があるように見える。けれど、伝統医学の世界は、もっと長い時間をかけて見ているんですよね。一日二日の話ではなく、一カ月とか一年のスパンで。そうした異なる視点を持つ医療は、すぐに結果を求める時代にあっては、短期的な視点だけで結果を求めるので、すぐに悪い評価が下されてしまう。もちろん、短期的にしか結果が出ないことを隠れ蓑にしてはいけませんが。何かそうした短期的に評価をする、待てなくなっている風潮も影響しているように思います。

心や体を変容させる音楽

稲葉 昨日のコンサートを見ていて特徴的だなと思ったのは、雅楽ってまったく動きがないですよね。それが、とても美しいと思いました。フルート奏者の人は激しく動いていて、すごく西洋的な体の使い方でもあるなと。

大友 僕も同じことを思っていました。そんなに動かなくても音は出るんじゃないかってね（笑）。

稲葉 すごく情熱的でしたよね。東と西の違いなんでしょうか。雅楽の佇まいと、最小限の動き。琵琶も弦楽器なのでギターと同じような弾き方になってもいいんだろうけど、最小限しか手を動かさない、あの「型」がやっぱり美しいと感じる自分がいました。笛もそうです。身体性と音を出す行為や音の世界とが一体化しているというか。それって音として弾き手にも聴き手にも影響するはずで、あの「型」だからこそ出せる音を追求してきたんでしょうね。

大友 打楽器奏者が特徴的でしたね。普通どんな音楽でも、打楽器奏者はもうちょっと上半身が動きますよ。まったく動きがなかったですもんね。

稲葉　一緒に見た陽道さんも、雅楽が印象的だったと言っていました。見た目に動きがあるものはバイオリンだったりフルートだったりして、視覚的には強い印象を残すんですが、最小限の動きでなされる雅楽の演奏は音が全身に響いてきたようで、それが印象的だったようです。

大友　雅楽は倍音がすごいんですよ。いくつもの音が共鳴し合って、実際に鳴らしている以上に、たくさんの音が響いているんです。だから本当に文字どおり体が共鳴している。

稲葉　雅楽も、しっかり「型」としての身体性で音を奏でているから、個性とかじゃない部分でやっていますよね。

大友　ステージに一歩出ると全然違う人格になるみたいな話ってよくありますけど、雅楽の場合、衣装を着ているせいもあると思いますが、全然違う。僕はリハから聴いていましたけど、リハは普段着なんですよ。見ている側の感覚かもしれないけれど、まるで音まで違う感じがしました。

稲葉　儀式的な要素が極めて大きいですからね。エンターテインメントではない、儀式性が色濃く残っている音楽ですから、やはり装束も大きな意味があると思います。

大友　ただ単に音だけで成り立っているものではなくて、そういうものすべてが音楽を形作っている。

稲葉　能楽師の方が能とはどういうものなのかを海外の人に説明する時に、今までは「日本版ミュージカルみたいなものです」と説明していたらしいんですね。でもこの説明はやっぱり違うと思ったようで、ミュージカルと能楽とで何が大きく違うかというと、やはり儀式的な要素だと改めて気づいたと。むしろそれこそが能で一番大事にしないといけない部分なのかなと感じているとも言っていました。エンターテインメント的な要素もあるかもしれませんが、あくまでもそれ以上の宗教的な儀式の要素も大きいですよね。

大友　僕らみたいに西洋音楽というか、日本の伝統音楽じゃないものをやってきた人は、そうした部分が見えなかったと思うんですけど、実はその部分って、決して無視できないというか、今はすごく興味があります。音楽が、音だけで成り立ってないんだということに今更ながら気づいたんです。単に音だけあればいいのではなくて、どこでどういうふうに演奏されるのかは音楽の根幹にかかわることだと思います。だから衣装もすべてあったうえで、あの儀式的なものが構成されているのって、すごくおもしろいなと思います。

稲葉　僕は音楽ファンのひとりですけど、人間の心や体を変容させる側面としての音楽にも興味があります。それは宗教や文化人類学などで見出される音楽のかたちでもあると思うんですが、古来の音楽にはそういう要素が大きくあったと思うんですよね。心や体の状態を否応なく変えてしまう手段としての音。そうした時にやはり儀式的な要素は必要だろうという気がします。頭だけで音楽を理解するんじゃなくて、実際に衣装を着たり仮面をつけたりして、全身の身体感覚と音楽とが分かちがたくある世界ですね。儀式は自然や神仏などの超越的な存在とアクセスする時に、安全に関係性を作るために重要だったのだと思います。

大友 そのことを僕らは少しないがしろにしてきたような気がします。それは録音技術ができたことにも起因していて、音以外の大切な要素を簡単に切り離しちゃうじゃないしていですか。純粋に音だけで聴けば音楽なんだっていう。その聴き方の問題とも関係していて、今はイヤホンで音だけを聴くようになっているけれど、録音技術によって僕らが失ってしまったものは、本当は「音楽は耳で受け取る音だけじゃないんだ」っていうことなのかもしれない。

稲葉 もっと身体的な、その人自身を根本から変えてしまうような力が音楽にはあると思うんです。

大友 僕もそう思う。それこそ昔の儀式って、聴いている人がトランスするじゃないですか。そういう持っていかれてしまうくらいの何か強い力がある。

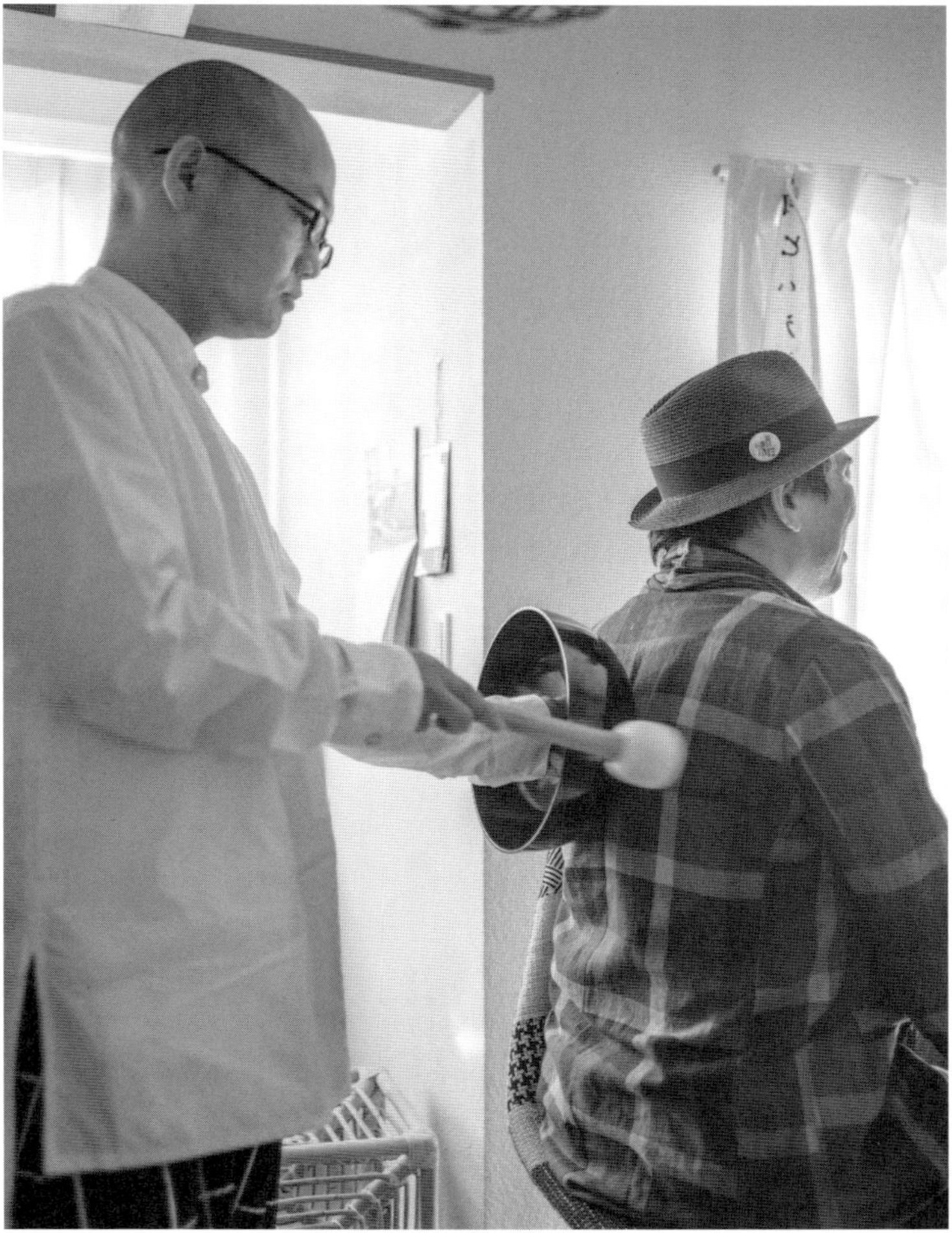

振動が体に与える影響

稲葉 仏教の声明《しょうみょう》や、銅羅《どら》を叩いたりお香を焚いたり、そうしたことも伝統的な音楽のかたちのひとつですよね。

大友 銅羅とお鈴《りん》ってアジアに広くあって、音楽のかたちは違えど、すごく力があるものだと思うんですよね。金属で作られているし、おそらく文明の中で、金属を鋳造する技術が出てきたのと関係していると思いますし、銅羅とお鈴の文化をちゃんと研究するとおもしろいんじゃないかな。

稲葉 いろんな技術とも関係があるでしょうね。

大友 それが宗教と結びついて、国家とも結びついて、一方では武器を作る技術にも大きな関係があったんじゃないかと思うんです。あの金属の響きが人間の精神にもたらしたものは大きかったような気がしています。

稲葉 これは「シンギング・リン」という音響楽器です。チベット密教の法具である「チベタンボール」とお鈴をくっつけたようなもので、職人さんの技術で漆塗りもされて精密に作られているもの。体に当てて振動させることで体を調整する道具としても使われているものなんです。

大友　大きさによって何か違いってあるんですか？

稲葉　音響自体が違いますよね。大きいほうが「ドーン」と低い音で安定感があります。背中に当ててみますね。

大友　お、来た来た。気持ちいいですね。じわ～っと体の中にしみ込んでくる感じ。

稲葉　音の振動が体の深い部分にも入っていきます。自分で音を聴いて、音の響きで体の状態を判断していくんです。音が体を通過する時、場所によって音の響きの違いがあって、それは何かを反映していると考えるんです。音が振動しているところに障害物があると、「ゴーン」という音が「ゴーン」と音が変わって、響き方が違ってくる。体が音を吸収してしまうよりは響いた音が「すー」っと通過するほうがいいでしょうね。音が鈍く響かないということは、体の中を通過していかないということですから。そうやって体に響かせて音を鳴らし続けていると、響き自体も変わっていきますから、体と音が反応しているんだと思います。やっているほうも気持ちがいいんですよ、振動も伝わりますし。これは、科学というより経験で行われてきたものですね。

大友　肩甲骨のあたりで音が変わりましたね。

稲葉　ここは何か詰まっている感じがしますね。シンギング・リンの説明をする時に視覚で見るとよくわかるんです。武満 徹さんも、「水は見えないものを可視化する媒介でもある」と言っています。音と水との関係もそうですよね。このリンの中に水を入れてみます。

大友 振動が波形で見えるということ？

稲葉 そうなんです。こうして水を入れてから響かせると、ぴちぴちと油が沸騰してはねているような不思議な動きをします。一個一個の水の分子が振動してこういう現象が起きるんでしょうね。

大友 体の六割は水分というから、きっと体の中で同じことが起こっていると。

稲葉 音の響きが体に影響を与えるという意味では、体をリセットする効果があるんじゃないかと思います。大友さんはギターを弾きながら振動って感じているんですか？

大友 いいギターほど振動しますね。

稲葉 ああ、やっぱりそうなんですね。楽器って体の調律、チューニングをしているようなものなんじゃないかと思います。音楽が与える身体性ということでいうと、昨日、陽道さんが感じたような振動が実はあって、イヤホンで脳だけで感じるよりも体全体で感じてみることが大事なんじゃないでしょうか。

大友 皮膚や体が振動する感じってとても重要で、やっぱりそれ抜きに音楽は語れないなって思います。

稲葉 皮膚って、他人と自分を分ける境界でもありながら、人に触れることでつながる場

所でもある。皮膚があるからこそ、自分と他人は違う存在であるということが認識できるんです。皮膚は「境界」であり、「分断」と「接触」という相反するテーマを持っている。その中で、皮膚を振動させるということは、その人の実存というか、存在そのものを動かし得るものなんじゃないかと思います。だから僕にとって「音楽を聴く」ということは、皮膚や身体感覚で感じるものです。イヤホンを通して脳や聴覚野だけで聴く音楽というものは快楽的ですが、ある種の洗脳や中毒性にもつながるものなんじゃないかと思うんです。

大友

この百年くらいで、録音という技術とともに、音楽の作られ方や演奏のされ方、聴き方そのものがすごく変わってしまったと思うんですね。今の人ってほとんど録音されたものを聴いている。それって、人類の歴史の中では異常事態というか、かなり変わった出来事だと思うんですよね。さっきも言ったように、音楽を耳で受け取る音だけにしてしまった。それと同時に実は音そのものも、録音されたものはオリジナルのものと極めて似ているように聴こえるけれど、オリジナルにはあった体を揺らす要素や遠近感が欠落してしまった。たとえば、ロックでもそうだけど、バスドラムを叩いた時に「ズンッ」とくる感じって、耳で聴くのと体で感じるのとは違います。お祭りの太鼓の音も、遠くから聞こえてきて近くに行くと体にズンズン響くとか。ガムランなら低音の銅羅がふたつあって音程が違うんです。それでものすごく低い周波数の振動が起こって体を揺らす。人はそれらが鳴った瞬間、異界の扉が開いたような感じがするんだと思うんですよ。

稲葉 大友さんが演奏している時に感じている音ってどんな感じなんですか？

大友 演奏中は言語になるようなことはあんまり考えてないですね。本当に全身で音を感じていて、それに反応しているんだと思います。頭も耳も指先も、体全部が触覚みたいに鋭敏になっていて。

稲葉 皮膚もそうですけど、場全体が振動しているのを感じますね。いる空間そのものの振動や共鳴というか。以前、僕もかかわったシンポジウムで、武満徹さんの音楽を聴いてほしくて、自分でレコードとプレイヤーを持参して、演劇用の会場でみんなで聴いたんです。一九七七年の「鳥は星形の庭に降りる」という曲です。鳥の群れとしての音の場があって、星形の庭という音の場がある。鳥の群れがいろんなものをかいくぐりながら、星形の庭に降りていく、音の場そのものが物語やイメージになっているような音楽です。鳥の群れがうねりながら空を飛び、見事に着地していく感覚というのは、とても空間的なイメージだなと思うんですよね。ただ受け身で音を聴いているよりも、観客が参加することで初めて完成する作品というか。見ている人が内的なイメージを持ちながら、音の世界と相互作用を起こすことで音楽が完成していくような。能の世界に近い。音の場というものに対して、武満さんは、いろんなイメージを持ってやっていたんだろうなと思います。

大友 武満さんは響きに対する感覚を自身の作品にしていく方法が本当に独特で、それは見事だったと思います。

稲葉 「鳥は星形の庭に降りる」というイメージの着想も、写真家のマン・レイがマルセル・デュシャンの星形に切った髪型を撮影した写真があって、それを夢で見た記憶をもとに作った曲なんです。夢の世界を音に変換したという背景を知りながら聴くと、こちら側も夢見の状態になってくる。そういうところも能と似ているなって思います。通常の意識で聴く音楽とは違う、もっと意識と無意識のあわいの世界で体感する音楽というか。そこに物語性を感じるのも、作り手が無意識的なものとちゃんとつながっているかどうか、お互いの無意識こそが音の世界へ入る手掛かりになるんじゃないかと思います。頭ではなく無意識の中で作り手がコミュニケーションしてできた音楽というのは、そこに物語性が生まれてくるという気がしますね。

大友 僕の場合も、頭で作るというより、実際に人が出している音で音楽を作っていくので譜面以上にリハーサルが重要なんです。リハの時、いつも思うんですよね。僕は何をもってOKとしているんだろうって。それは自分のイメージに到達してOKというだけじゃない気がしていて。音が生き生きしているという、言葉にしにくい感覚なんですよね。

予想できないおもしろさ

稲葉　最近読んだ村上春樹さんの対談本に、大友さんの音楽とつながるなと思った部分があったんです。村上春樹さんって、比喩、メタファーが素晴らしいんですよ。どういう時に比喩を使っているのかという話が出た時に、読者の集中力が切れてくるタイミングで、読者をハッとさせるために意味の落差を出そうと比喩を使っているんだというようなことを言っていて。

大友　なるほど。

稲葉　もちろん自然な流れで出てくることも多いと思いますけど、推敲で読んだ時に、ここはちょっとだれるなって思ったところに、素敵な比喩を入れていく場合もあるらしいんです。それってすごく音楽的だなと思ったんですよね。大友さんみたいに変わった音が入ったりするのも、村上春樹さんでいうところの比喩、メタファーみたいなもので、ちょっと笑ったりユーモアがあったり、ゾクッとしたり、音に落差をつけて、聴き手の興味を引きつけたり、揺さぶったりする部分もあるんじゃないか

大友　と思ったんですが。もちろん、意識的にではなくても無意識的にかもしれませんし。わざと変な音を入れているわけじゃないですけど（笑）、僕自身、ほかの人より飽きやすいというのはあるかもしれない。でも、同じのが続くと飽きるとかそういう単純なことじゃないんです。同じのが続いてもおもしろいこともあるし、いろいろ変化があってもすぐ飽きちゃうこともあって。人より辛抱が足りないのかな。

稲葉　飽きやすいからこそ、自分自身が飽きないように作っているんじゃないですか。

大友　うん、つまらないと本当にすぐ飽きるんで、そういうふうに作っていますね。自分も演奏者になるからやっぱり飽きたくないんです。自分が作った曲と違うことが起きるとおもしろいんですよ。たとえば極端なことを言うと、間違える人がいて、その間違いがおもしろかったりするとうれしいんですよ。「お！」ってそこでテンションが上がる。「それ、アリだな」って。自分が作って、だいたい予想できちゃうような曲はあんまりおもしろくないんです。とはいえ、わざとやられるとイヤな気持ちになるし、単に違うことが起こればいいってものじゃないんですが。

稲葉　大友さんのものの見方や眼差しのような部分が、音楽にストレートに出ているからこそ、すごくおもしろいんだと思うんですよね。無理して作っているのではなくって、自分の感覚に素直に作ると、そういうふうになるというか。

大友　昨日の曲も、一応譜面みたいなものは書いてあるんですけど、「必ずしもこのとおりじゃなくていいです」と伝えます。コードもあるんだけど、このコードの音が鳴ってもいいし、ちょっとくらい音が欠けてもいいってね。そのほうが聴いていておもしろいんですよ。「その音抜いちゃうの⁉」とか「そこに足しちゃうんだ！」みたいな驚きがあるし、おそらく演奏している人にとってもその楽曲をふくらませる余地みたいなものがあったほうが、楽曲が生きたものになる時もありますから。全部予想したような音が出てくるだけだと、ただ段取りどおりにやってもらっているだけになっちゃって。

稲葉

僕も講演とか頼まれるんですが、やりたい時とやりたくない時があって。同じことを話してほしいって言われるのがイヤなんですよ。自分に発見がないというか、自分がおもしろくなくて、自己模倣は苦痛に感じます。反対に、まったく自分にないものを引き出してくれるような場だったり、未知のことが起こりそうな場だと、おもしろそうだなと楽しめると思うんですけどね。

医療における「型」

大友　不謹慎な質問してもいいですか？　医療行為にも、変化をつけることってあるんですか？　たとえば、同じ病気の人を治すとして、この人にはちょっと違うことをやってみるとか。

稲葉　そこはある意味、「型」の世界なんですよね。この時はこうするということが基本原則としては決まっていて、あとはその精度や質を上げていくことが求められるというか。

大友　そうか、なるほど。

稲葉　方向性が違うんでしょうね。伝統芸能に近いかもしれない。目的地は決まっていて、あとはそこに至るまでの道のりの精度やスピードをどれだけ上げていくかを追求していくんだと思います。そうしたプロセスを自分自身が楽しめるかという感性も大事だと思います。

大友　それだとモチベーションは落ちたりしないですよね。

稲葉　つねに発見がありますね。たとえば、手術中、カテーテルとか何か道具を取る時、迷ったり無駄な動きをすると、コンマ何秒かが無駄になるわけです。緊急の時は、その積み重ねで数秒が命取りになる。最初からここに置いておけば、あの動作はいらなかったなと、必ず振り返って反省します。ゴールは同じで決まっているんだけど、そこへ至るまでのプロセスをどうするか。それって登山やクライミングみたいなもので、必ずしも舗装された登山道じゃなくてもこの急斜面の岩壁から登ればあっという間に頂上に行けたじゃないかということもある。そういう場面で技術や精神力が求められるわけです。だから毎日、発見と反省の繰り返しですよね。その時の状況も違うので。あと、イラッとしてしまった時も、あとでものすごく反省するんです。イラッとしたことに感情のエネルギーを使うんだったら、そのエネルギーを患者さんの治療のほうに集中して生かせればよかったなって。まわりから見るとその違いはまったくわからないかもしれないんですが、僕にとっては大事なことです。心が安定せずに、ブレてくると雑になってくるんです。雑なまま結果として上手くいったとしても、それは偶然なので、一〇〇%上手くいったことにはならない気がしていて。まだまだ自分自身の心の修行が足りないと反省する。観客なんていない世界ですし、やることは結果を良くすることと明確に決まっている。だから最短最速で、かつ精度や質を高くするための近道を見つけることを日々探求しているという状態ですね。

大友　なるほど、おもしろいですね。自分の演奏に置き換えてみると、ステージに出る前っていろんな雑念があるんですよ。あたりまえだけど、くよくよしてたり、面倒くさいことが頭から離れなかったり。でもステージに出るとそういうことってきれいになくなっちゃうんです。どんな苦境に立っていても、おなかが痛くなっていたとしてもステージに出ると本当になくなるんです。音楽のことしか考えてなくて、天国だなって思うんです。ずっとステージ上だったら、世の中の面倒くさいこと考えなくていいしね。でもそれはさすがに続かなくて、一時間とか一時間三十分とかで終わっちゃうんだけど、その時に何を考えているかというと僕は何も考えていなくて、あえて言葉にするなら、「今、出した音量があっちまで届いているな」とか、そういう物理的なことしか考えていないんです。

稲葉　お客さんの反応を見て感じるんですか？

大友　お客さんを見ているわけではなくて、自分でわかるんです。届いているなっていうのが。でも時々それがわからない会場があって、そういう時はストレスでついつい音量が大きくなっていったり。そういう時は、どこかで音楽が変わっちゃうんですよね。力を入れなくていいところで力が入るということは、全体的に上げ気味になってしまって、ダイナミックレンジが減ってしまうんです。

医療と即興

稲葉 大友さんは即興の時、音が次の音を呼んでいるという感覚なんですか?

大友 そうですね。昨日のコンサートの演奏でいうと、作曲はしているんです。でも、かなり自由な作りりで、押さえないといけない部分はあるんだけど各個人が考える余地がいっぱいある。僕に至っては自分のパートの楽譜を書いていなくて、自分の頭の中にあるとも言えるんですけど、音を出すタイミングは決めていないんです。ほかの人の音も聴きながらリハーサルでも本番でも、全然違うところで音を出したりしているんだけど、それを即興と呼んでいいのか、作曲と呼んでいいのか、正直言って境目がよくわからない。何も決めないで即興をやる時でも、本当に決めていないのかと言われるとそうでもなくて、家で「今日このギターを弾こう」と思った時点で、何かを決めているわけですよ。ステージ上で、突然ウクレレがよかったのにと思っても、ウクレレに変えられる自由はないわけで。そう考えると、即興といっても、何かしらの決め事は自分でしているんですよ。いろんな条件に縛られている。僕の中で即興と作曲という括りはなくて、両方が分けがたくある感じはしますね。でも世の中には、作曲された曲をそのとおりやらなきゃいけない場合もある。僕自身は、作曲されているけれど即興の余地もあるという状態がとても好きで。たとえば昨日のコンサートでも、もともと自分の曲しか出る予定がなかったのに、突然当日ほかの曲もやることになって。ぶっつけ本番に近いわけだけれど、そんな想定外のことがむしろ音楽をおもしろくするってよくあるんです。

稲葉 想定外のことが起きるようなことを、わざと導入しながら、それをまた包括して先に進んでいく。それってすごく柔軟性があるというか、フレキシブルな音楽だなって思うんです。オーケストラみたいにかっちりとした定型があるんじゃなくて、どういう状況にでも対応できる。災害時にでも対応できるシステムみたいな。

大友 そういえば、演奏中に停電するということが僕は人生で二回あるんですけど、その時のミュージシャンの様子を見て、その人の本質がわかったりすることがあるんです。自分の音楽はこれじゃできないと、演奏をやめちゃう人もいる。それでも全然いいんですよ。でも僕の場合はやめたくない。その状況に反応したいんです、たとえ失敗しても。音楽に限らず、非常事態の時に何をするかって結構その人の本質が問われると思うんです。でも医療の現場でいったら、非常事態や予測できない事態なんて日常というか。

稲葉 そうですね。基本的に想定外のことが起きますし、それも全部、頭の中に入れながらやっていますから。ある意味それが通常状態ですね。想定内のことが起きたら、上手く対処できるのはあたりまえ。そんなの誰にも褒められないし、プロとしてできなければいけないことですし。思ってもいないことが起きた時こそ、自分の知識や経験、技や勘、そういう自分の全人格を総動員させないとまっとうできない。だから僕も即興的に、臨機応変に考えることのほうが好きなんです。

大友 ある意味、医療も即興ということなのかな。本来、音楽の即興というのも、そういうものであると思うんです。

稲葉 医療も、患者さんや症状を診ながら、その変化にどんどん対応していくという意味では、音楽における即興とすごく似ているんですよ。基本的には、その人を助けるという一定の軸に沿って進んでいくわけですが、何かが起きることによって、また新たな現象が生まれて、次々に対応していかなくてはいけない。突発的に起きたハプニングやアクシデントも、自分の中に取り込んで、そこからまた自分がリアクションしていくという営みが、ある種の生命現象に近いものを感じるんですよね、まさにライブの感じ。

大友 音楽と似ているかもしれないですね。何が起こるかわからないけど、それに対応していくっていうね。それは多分、過去の自分の経験とかを参照しながら、「ここだったらこれだ」っていう一手があって。うん、たしかに似ていますね。

稲葉 でも、カテーテルの治療の場合は、カテーテル室がないとできないし、道具もないとできない。すべてが即興でできるわけではないです。でも条件が整ってさえいれば、基本的にはその時にいるメンバーで、できることを最大限やるという意味では即興的だし、それができない人というのは、「これもない」「あれもない」「あの人がいないからできない」と、ないない尽くしになってしまう。むしろ、ない中で工夫してやることのほうがやりがいがあるんですけどね。

大友　即興という言葉で合っているのかわからないですが、音楽の場合、ある限られた条件の中でやるのは好きですね。本当はベーシストに来てほしかったのに、来なかったとして、それを理由にコンサートをやめるのかといわれたらやめないです。ベースなしでやればいいんじゃないのって。

稲葉　楽しんで、逆に良い方向に転換できるかどうかっていうのが勝負ですよね。

大友　結果、こっちのほうがおもしろくなるってくらいにしないと、「ベースがいなくて残念だね」にはしたくない。だからといって、ベーシストがいたら邪魔になるかというとそうでもなくて。

稲葉　僕が山岳医療をやっているのも、限られた環境の中でいかにやるか、そのほうが医療の本質を問われているような気がしたんですよね。病院のように手を伸ばせば何でもあるような環境ではなくて、山の中で崖から落ちた人をどう助けるか。地形や状況を見て、最善の判断をする。その中で僕自身、刺激されるものがあるんです。

大友　自分で完璧に状況を整えられるなんて、すごく恵まれた音楽家だったらあると思うんですけど、僕にはないです。そうすると、いつもある条件の中でやらなきゃいけないし、アート作品を展示する時だって、美術館のホワイトキューブの中でやることってめったにないんです。だいたいはとんでもない場所でやるわけですよ。でも、そのとんでもない場所のほうがおもしろい。変なかたちや状況に合わせて展示を考えていく。僕は何もないところで「自由にやってください」と言われるよりは、障害物がいっぱいあるほうが好きなのかもしれないです。予想外のものがあるほうがうれしいですね。

稲葉　僕もそういうのが得意なタイプですね。限られた条件でのみ成立するというよりは、予想もつかないことが起きながら変化していくほうが飽きない。自分がつねに驚いていたいんです。

音楽における自由さとは？

稲葉　大友さんの音楽性の幅広さにはいつも驚きます。ノイズ音楽をやっている人って、

大友 協調性がなさそうなイメージがあるんですよ。

稲葉 俺、協調性はないですよ（笑）。一緒にいると大変ですよ。

大友 でも、時にはアンサンブルを束ねて、まとめることもある。

稲葉 バンドマスターみたいなのはわりと好きなのかもしれないなあ。

大友 即興音楽をやられる大友さんにとって、自分以外の予測不可能な人たち、とくに子どもとか常識すら通用しない人とやるのって、それこそ即興の極みなんじゃないかと思うんです。

稲葉 そうですね。そうかもしれない。即興演奏をやりたくてやっているんだけど、その時にいつも考えるのは、自由にやるというのはどういうことなのかってこと。さっき協調性って言葉が出てきたけれど、自由って自分のやりたいようにやることが自由なのか。自分がやりたいようにやれたとしたらそれって自由でも何でもないいんじゃないかって気がするんですよね。

大友 部屋の中で自分の好き勝手にやっていることが自由で、その音楽が一番いいのかというと、そうでもないと。

稲葉 概念としての自由はとても尊いことだけれども、あえて言えば、音楽に関して「自由」という場合には、それはたいして重要なキーワードではないかもしれないなって思います。音楽ってそもそも縛りがあるんです。たとえば、リズムがあったらそのリズムの中でやりますし。即興演奏を一緒にやる相手と、どこまで自由にやれるかというと、修練を積んだ人とやる自由ってある程度わかっちゃうんです。ちっとも自由じゃない。ある範囲の中で結局はやっていて、だから自由さの問題よりも、むしろ不自由さの中で何ができるのかのほうがおもしろかったりする。でも、子どもとやるとね、本当にびっくりするんですよ。自由ってこういうことだよなって。ピカソが子どもの絵を見てすごいって言うのって、こういうことなんだろうなって。教育される前の状態というか。

稲葉 固定観念はないですね。大人になった人とやる演奏って、歴史的な蓄積があって、これがいいとされている前提もある程度知っちゃったうえで、やっているところがあるんです。でも、子どもと一緒にやると本当に自由なんです。いいなあと思う。最初に楽器を持った時ってこんな感じだったよなって。さっきあえて自由は重要じゃないって言ったけど、子どもとやると、それがどれだけ尊いことかってことが見える感じです。前にも話したけど、縮こまっている音よりも、生き生きしている音のほうが、聴いていて気持ちがいい。それはプロだろうがアマチュアだろうが、関係なく等しくあって、とくに子どもたちとやっていると、ちょっとしたきっかけでそういう音が出てくることが多いんです。「おお、来た来た、生き生きし出したぞ」って。そ

大友

れが僕にとってはすごく新鮮だったかな。子どもの中でも、音楽教育を受けている子よりも、どちらかというと障がいを持った子のほうが音楽教育をきちんと受けていないぶん、もっと自由ですね。本当におもしろかった。もう、その子たちに会うのが楽しみで楽しみで。

稲葉 大人になると驚くことって少なくなってきますよね。自分の経験と照らし合わせて、こういうものだと思い込む。たとえば、最初に虹を見た時も、最初に叩いたら音が出た時も、もっと驚いていたはずなんです。生命を生き生きさせるという意味でも、驚きは大事ですよね。

大友 そうそう、子どもが初めて楽器を目の前にして、みんなで音を出した時って、一瞬で調子に乗るんです。躁《そう》状態というか。あれはやっぱり大人はやれと言われてもできない。

稲葉 純粋に驚けなくなってしまっている。

大友 社会性を身につけるとともに、どうしてもそうなりますよね。障がいを持った子たちの中で、楽器を初めて鳴らした瞬間の生き生きとした感じがいつまでも温存されているのは、僕らの言う、いわゆる社会性を持ち得ないからかもしれない。

稲葉 人から見てどう思われるとかも考えないでしょうし。

大友 社会的なヒエラルキーとか、これやると褒められるとか、ないわけじゃないけど、健常者のようには作用しないところはあります。

稲葉 驚いたらかっこ悪いとか、どう見られているかとかもない。つねに初めての体験というか。

大友 でもその子たちも、拍手をもらうのはうれしいんですよ。他人から祝福されているっていうのはみんなわかっていて、自閉症の子とかって他人と接したがらないんだけど、それでも、どこかで自分のことを喜んでくれているというのはやっぱりうれしいみたいで。そうするとね、落ち着いてくるんですよ。拍手をもらえるという記憶が蓄積されて、自分が演奏すると拍手をもらえることがわかると、ちゃんと演奏が終わるようになるんです。終わると拍手がもらえるから。最初はダラダラやっていたのが、拍手がもらえるという経験をすると、いいタイミングで終われるようになるんです。だから彼らはまったく社会性がないというわけではなく、彼ら独自の社会性の作り方があって、それを一から作り上げていくところをたまたま僕は見ることができたので、すごくおもしろかったんです。一緒にやっていて本当に楽しかったですね。

稲葉 非言語的なコミュニケーションをしているんですよね。その時に、この人が自分に好意的であるとかないとか、そういったすごくシンプルな世界のコミュニケーションをしている中で、拍手というのは、上から下に評価する世界ではなく祝福というか、対等の肯定のメッセージなんだと思うんです。そういうシンプルなコミュニケーションを人はもっと必要としているんじゃないかなって思いますね。

大友 子どもって、なぜかはわからないけれど、言葉をしゃべる前から拍手って早いうちにやり出しますよね。音楽家って、いつも拍手をもらう人種なんです。ステージ上でね。演奏が大したことなくたって、マナーとして拍手をもらうから、音楽家をやめられないのもそういうことなのかもしれない。

稲葉 好意的な拍手と、満足してない時の拍手ってわかります？

大友 それはね、何十年もやっているとはっきりわかりますよ。自分でこの演奏はダメだったと思っていると、そういうふうに聞こえちゃうのかもしれないんで、まあどこまで合ってるかはわかりませんが。だけど、これはみんながいいなと思ってくれているだろうって時と、イマイチだなっていう時の拍手はやっぱり違います。

稲葉 能って、拍手とか本来はない世界なんですよ。する人もいるんですけど、しなくてよくて。時間や空間を切らずに余韻を残しながら終わっていく。

大友 盆踊りも拍手ってないんですよね。お祭りだと、なんとなく人がいなくなって、そろそろいいかって自然に終わっていく。生バンドでやったりすると、みんな拍手してくれるんだけど、おもしろいもので、バンドに向かっては拍手しないんですよ。輪になって踊っている人たちはみんな、天に向かって拍手するの。それを見ていると、お祭りも音楽だけを取り出して成り立つものじゃないし、そういうあり方のほうが本来の音楽のかたちのような気がしますね。

記号化された音楽と言葉

稲葉 僕は音楽を、一種のコミュニケーションとして捉えています。人間が集まった時、広い意味でのコミュニケーションの中に、非言語的なコミュニケーションとしての音楽があると。そういうふうな観点で音楽を見てみると、ある専門家の中だけで閉じた音楽と、本当に観客とのコミュニケーションを求めるようなものでは、すごく違いを感じます。現代音楽って、既存のものを壊して、もっと自由に羽ばたいていたはずなのに、現代音楽の人しかわからない世界で閉じていくような。

大友 違う意味で儀式的になっているという。

稲葉 閉じていくためのものになってしまっている。

大友 人って簡単に閉じるんですよ。ある人数が集まると、コミュニケーションのツールのひとつとして音楽が介在するんですが、たとえば飲み会でおっちゃんたちが、三三七拍子を叩いたりするじゃないですか。あれはある種、同じサークルの団結の証でもあるでしょ。でもあれも立派な音楽だと思う。みんな音楽だって気づいてないけど、野球の応援とかもそう。「私、音楽苦手なんです」と言う人でも、「かっ飛ばせーっ、バンバンバン」て手拍子叩いているでしょう？　音楽をやろうと意識してやることのほうがまれで、実はいろんなところで音楽をやっている。それは必ずしもオープンなものばかりではなく、閉じる作用もあるんです。もともとは人類にとって、音楽行為ってすごくあたりまえに近くにあったもののはずなのに、音楽だけがどんどん切り離されていってるような気がする。

稲葉

今日の大友さんのラジオ番組のタイトルも「音楽とコトバ」でしたけど、僕は言葉というものに敏感なんです。医療も体や心から発せられる「言葉」を扱っていると思っていますから、言葉って何だろうって。言葉と対照的であり、かつ混同されやすいものに、記号があるんですが、記号はある集団の中でしか通じない言語なんです。医療の専門家の中で、「ＣＡＧ」「ＰＣＩ」「ＣＡＢＧ」など専門用語で話すと意思伝達のスピードはたしかに早い。けれど、それはわかる人にしかわからない。言葉っていうものが記号化していくと、コミュニケーションにおいて自由さだとか弾力を失うんじゃないかなと思うんです。そうした、音楽を含めた記号化しつつある世界で、大友さんは風穴を空けるような存在だと思っています。

大友　人って、簡単に記号化しがちですよね。記号がわかるもの同士は気持ちよかったり、スピードも早いから仕事もどんどん進んでいく。

稲葉　科学もそうなりやすくて。原発の時もそうですけど、一般の人にわかりやすい言葉で話すということが、科学をやっている人には難しくて伝わらなかった。記号化された専門用語で話して、相手に伝わっている気になってしまうんです。僕らも、患者さんに体の話をする時、なるべく記号じゃない話をしないといけないなと思っていて。本来、自分の体の話なので、こちらから偉そうに教えるよりも、みんな生まれた時から持っているものなので実感があるはずなんです。それを記号的な医学用語で説明しちゃうと、患者さんも何か高尚なことを言われて、わかったような気になっているんだけど、あとで家族が「どういうことだったの？」と聞いたら、「全然わからなかった」とか（笑）。こういう悪い例っていっぱいあるんです、問題ですよね。

〝親戚のおじさん〟という距離感

稲葉 大友さんが子どもたちとやる時の立ち位置ってどんな感じなんですか？

大友 うーん、何だろう？　とりあえず楽しくしようと思っていますね。それは子どもたちとやる時も、プロの現場でやる時も同じで、もちろん接し方は変えますけど、十人なら十人が音を出して、アンサンブルがおもしろくなるようにするのは一緒なので。みんなが音を出して、バラバラだった音がひとつになっていって、ちゃんとアンサンブルになって転がり出す。それを整える役目のような気がします。その方法はいろいろあって、プロのミュージシャンだったら何か一言伝えるだけで済むこともあるし、子どもたちだと自分が体を動かして、ダンスみたいにすることもあるし、それはいろいろかな。子どもは調子に乗せちゃえばいいってところもあるかな。この大人は俺が調子に乗っても怒らないぞということがわかると、とんでもなくおもしろいことが起きることもあるんです。

稲葉 それは、場を整える感じですか？

大友 整えすぎちゃうと、萎縮しちゃうんですよ。子どもも大人も。どこまで言うかは考えます。たとえば「もうちょっとだけ伸ばしてほしい」と一言言っただけで、音が萎縮しちゃう場合もある。相手にもよるんだけど、そういうふうには言わないで、「もう一回やってみましょう」って言うだけで変わることもあるから、言い方はすごく気をつけますね。

稲葉 子育ての現場でも禁止事項が多いじゃないですか。「あれやっちゃダメ」「これ触っちゃダメ」「あっちに行っちゃダメ」、ダメダメダメダメみたいな。そういうのって、子どもがだんだんと萎縮してしまうのかなと思うんですけど、言葉遣いで気をつけられていることはありますか?

大友 僕は音楽の現場だけで、しつけをしているわけじゃないから、他人が迷惑しなくて、人が死ななきゃいいというゆるい基準で、細かいことは何も言いません。ただ、人の楽器を取ったりした時ははっきり「ダメ」って言う。あと「すごい!」とか「いいね!」とかをなるべく言おうと思っています。子どもの場合、「すごい!」って言うと、だんだん調子に乗ってくれるんです。ただ、その時に大事なのはウソをつかないこと。本当におもしろいと思っている時にしか言わない。

稲葉 イラっとすることはないんですか?

大友 そりゃ、ありますよ(笑)。「うるせー!」って言うこともたびたびです。でもその時も、ニコニコしながら言うようにしている。笑いながらね。本気で怒ると萎縮しちゃうから。

稲葉　子どもにとって、そのカラッとした怒り方がいいんでしょうね、ねちねちと怒られるんじゃなくて、瞬間湯沸かし器みたいにパンッと怒って、それで終わりみたいな。

大友　あとは「頼むよ！　ね！」とかって懇願する感じかな。でもやっぱりイラッとすることはありますよ。

稲葉　イラッとさせたい子というか、怒らせて喜ぶ子っていますよね。

大友　何人か集まると必ずいるんだけど、だんだん慣れてくると、そういうことはしなくなってくる。最初のうちだけですね。こっちの気を引きたいとか、緊張しているのもあるのかもしれない。照れ隠しとかね。でもだんだん仲良くなると、そういうことしなくなってくるかな。最初の頃あんなにうざかったのにってね。

稲葉　大友さんのやり方から、教育現場の人もいろんなエッセンスを引き出せると思うんですよね。それぞれが自由に表現できる場を作ることってすごく難しいというか、教育現場の人は悩んでいると思うんですよ。

大友　うん、そんなに簡単なものじゃないって、やっていて切実に思います。

稲葉　下手すると学級崩壊になってしまう可能性もあるし、上から押しつけるように支配的になってしまうかもしれない。先生も本当はもっとみんなにのびのびとやってほしいと思っているけれど、なかなか難しい。だから、大友さんのやり方から学ぶところがあるんじゃないかなって。

大友　僕の場合は、時々来る〝親戚のおじさん〟みたいな気軽な立場だからやれるところもあって、毎日だと通用しないかもしれないですよね。でも、毎日はきついけど、毎週ならできるかもくらいな感じです。僕、校歌を作った学校があるんですよ。福島県いわき市の三和小・中学校っていうところで、そこで一年に一回だけ音楽の授業をするんだけど、先生が子どもたちをきちっと並ばせているんですよ。でもそれって音楽をやる状況じゃないから、「はい、みんなこっち向いて」って自由に椅子の向きを変えさせると、それだけで人の気持ちのありようって簡単に変わるんです。音楽もそう。とくに音を出す場合って、どこに中心を置くかでまったく世界が変わるので、そこからまず考えます。どういうふうに並ぶか。それはプロも子どもも一緒。たとえば、アンサンブルでも、バイオリンはここ、ビオラ、チェロ、って並べていくと通常のようになる。そこをあえてバラバラに崩すと、みんなちょっと混乱する。並び方をバラバラにするだけで、普段のヒエラルキーが崩れる。そのほうがおもしろい時もあるんです。

空間が表現するもの

稲葉 今の学校っていうのは、前に黒板があって先生がいて、きれいなかたちで整列していて、そのかたちが決まっていますからね。

大友 僕はね、学校に行くとまずはそれを崩したいなって思う。稲葉先生が「型」っておっしゃっていたように、「型」から入るって重要なんですよね。

稲葉 前提みたいなものですよね。

大友 うん、大前提。でも、たとえば体育館みたいなところで演奏する場合なんかは音響が良くないから、前のステージで演奏していても全然音が届かないんですよ。それよりも真ん中に僕らが出て行ったほうがよっぽどおもしろいこともある。場所によって、フレキシブルに考え直してみるとおもしろいことができるんです。校長先生が前に立って話すのと、校長先生が真ん中にいて子どもたちが囲んで、みんなのほうをぐるぐる向きながら話すのじゃ、同じ内容を話すのでも、全体の雰囲気が変わると思うんですよね。

稲葉 一神教的な世界というか、ひとりのトップがいると、ヒエラルキーのようになる。構造自体をそもそも変えないと、どんなに自由な話をしていても、フォーメーションが自由じゃない。

大友 でもね、言うのは簡単だけど、変えるのは大変で。講演で呼ばれて話す時にいきなりそれをやると、マイクをセッティングした人とかがイヤな顔をするんで、できる時とできない時があるんですけどね。

稲葉 場の設定そのものが、表現になっているということですよね。

大友 そう、それがメッセージになる。病院ってそういうところですよね。良くも悪くも、病気が治った気になる。薬の匂いとか雰囲気とか、先生に会うだけで、少し治るっていうのもあるし。逆に、病気じゃない人が病気になる可能性もある。

稲葉 空間が表現しているものってありますよね。

大友 病院に行って、私服の先生が出てきたらイヤだもん（笑）。

稲葉 今、小児科とか精神科とかはラフな格好が増えてきたんですよ。白衣を着ちゃうと、それだけで患者さんが構えちゃうんで、私服で診察するんです。

大友 そうなんですね。僕には白衣の前で病気が治るっていう刷り込みがあるのかもしれないなあ。

稲葉 僕もそれは感じることがあります。年配の方とかは、自分が家の中での王様みたいになってしまうんですよ。みんなが自分の言うことを聞くから。構造的に誰も言えなくなってしまっていて。たとえば、奥さんが「たばこをやめて」と言っても絶対やめないし、娘が言ってもやめない。でも医者が入ると立場が逆転するわけです。年齢が下であっても。そうなると、意外にあっさりとやめてくれたということもある。ある種の演劇空間というか、医師という役割を演じている感じはありますね。

大友 先日の番組の中で、稲葉先生が往診に行っていた様子がありましたね。あの患者さんとのやりとりを見て、「いい先生なんだろうな」と思いました。来るのが楽しみになると思うんですよね。もしかしたら恋愛に近い感情なんじゃないかな。

稲葉 僕も患者さんのこと好きですよ。大友さんもそうかもしれないですけど、僕は変わった人が好きなんですね。扱いづらい、いろんな人がイヤだと言った人のほうが「どんな人なんだろう」ってすごく興味が湧く。だから、「先生のところの患者さんはみなさん個性的ですね」って言われるんですけど、枠にはまらないような人が好きなんです（笑）。文句言ったり、主張が強い人も、ずっと長くつき合っていると、実は全然違うところにこだわりがあって、違う表現として出てきているだけだったり、怒りっぽい人も、そうせざるを得ない何かその人の問題があって、それが気難しさとして出てきているだけだったりする。だから、本質的には意外と素直だなと思うことが多いですよね。

大友 逆に質問しますけど、イラッとする患者さんはいるんですか？

稲葉 う〜ん、することはありますけど、禅の修行みたいなものだと思っているので、そ

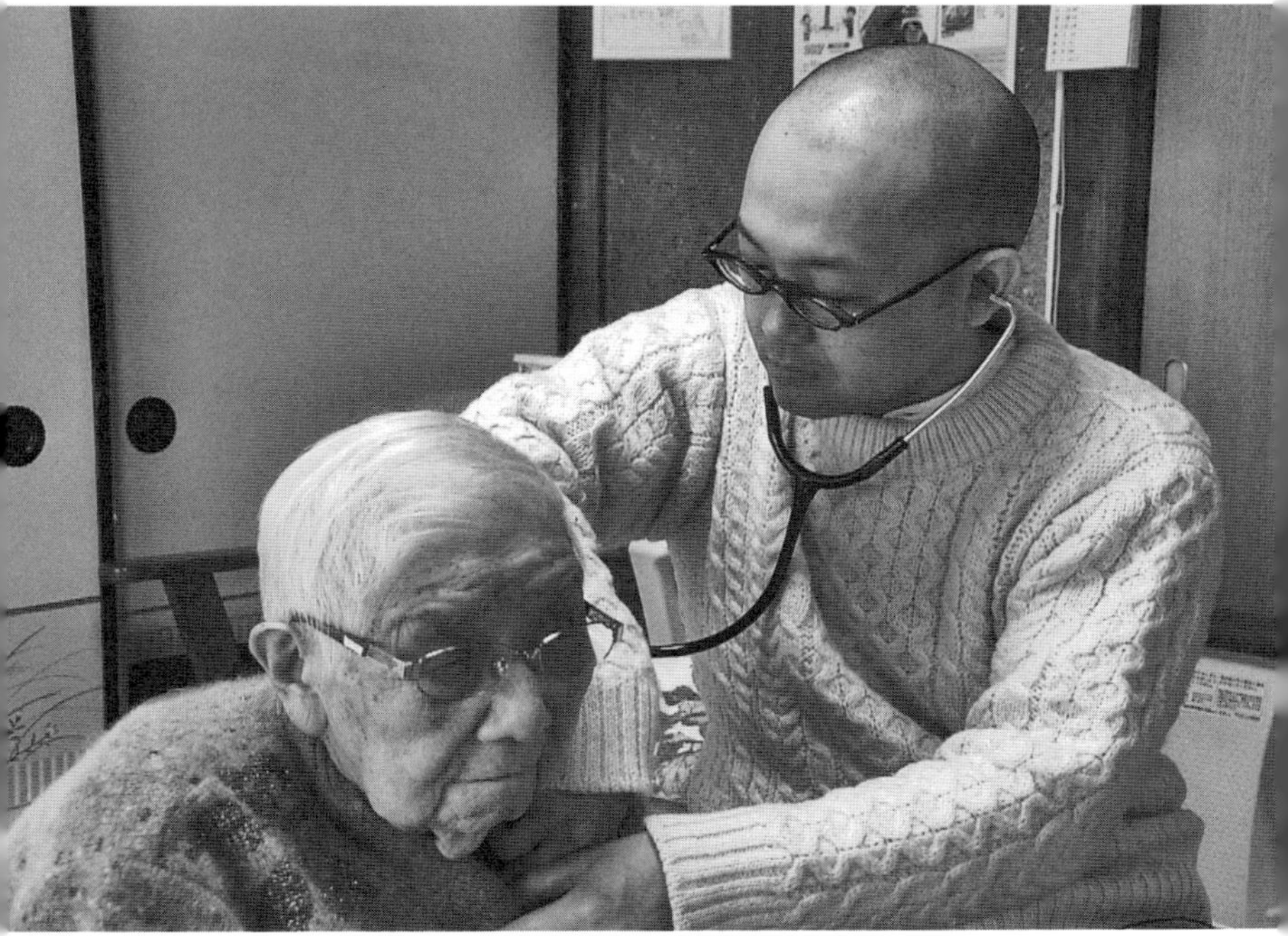

ういう時こそ、僕は発見があるんですよね。イラッとさせる人っていうのは、すごい手練なんです。

大友 稲葉先生を苛立たせるのってすごいことなんですね（笑）。

稲葉 どういうテクニックなんだろうって興味が湧きますよ（笑）。どうしてこの人の言動で僕はイラッとした感情を誘発されたんだろうって。未知の自分が反応しているんだなとおもしろく感じます。

身体言語が表すもの

稲葉 医療をやっていると、人間の頭と体の関係ってすごく大事な根が深い問題なんです。頭って、言葉でいくらでもウソをつけるんですよ。でも体はウソつけなくて。それが人間の体の症状や病気に変換されて表現されているんじゃないかと思うことも多いです。まず、体の表現を糸口にして体自身と対話することが大事なんじゃないかと思っています。

大友 ということは、先生のお仕事は、言語を介する場合と、直接、体を診る場合とふたつあるということですよね。

稲葉 そうですね。僕自身は、ほぼ身体言語を中心に会話しているつもりです。体が表現しているものっていうのは正直なんですよ。「膝が痛い」「腰が痛い」、そこにはまったくウソがない。その体の状態が、頭を通して言語に変換されて出てくると、まったく違うものになっちゃうんですよ。その人のウソや思い込みや合理化が、そこに入ってくる。だから「全然辛くないですよ」とか「仕事は楽しくて」とか、口では言ってても、体を触っていれば、全然違うことを伝えようとしていることがわかってしまうんです。どうしてそういう表現になるのか、そうした頭と体のバランスをいかに調整していくかということを考えますよね。その人の脳を介して出てくる言語と、体が表現してる言語がまったく真逆を向いている時、その〝ねじれ〟はややこしいものだなと思います。

大友 僕が偏頭痛持ちだった時も、仕事をやりたい気持ちとは裏腹に、体は悲鳴を上げていたんですね。

稲葉 頭での理解と体の素直な状態のねじれをもとに戻してあげて、頭と体の風通しを良くすることで、いい関係性を作ることができるんです。体は非言語の世界なんですけど、言語を入り口として時間をかけて自分の体と対話する。伝える側としても、言葉に対する感受性をもっと高めていかないと、こちらが思っていることも上手く

大友 伝えられないなって思いますね。音楽は、音や響きという非言語を介して伝わるものなので、理屈や合理化を超えた大きな力を感じます。もっと医療の中に取り入れられるといいなと思っています。

稲葉 たしかに、非言語的ですよね。音楽の現場に置き換えてみると歌詞は別ですが、聴きに来る人と演奏する人にしても、演奏者同士にしても、言語的なコミュニケーションがあるかっていうと、あまりない気がします。

大友 説明なんて必要ないですもんね。

稲葉 説明したら野暮ですしね。

大友 音楽を聴いている時、言葉がなくてもわかり合えるし、もっと共鳴することをみんなが求めているんじゃないかなって思いますね。

稲葉 よくインタビュアーに、「この曲は何を表現しているんですか?」と聞かれるのが一番厳しい。言葉に置き換えてと言っているのはわかるんだけど、言葉で上手く説明できることを表現しているわけではないんです。

大友 作り手がそれを言葉にしちゃうと、それが模範解答になってしまいますし、受け手もそう解釈しないといけないと思ってしまう。

稲葉 必ずしも作り手が、がんばって絞り出した言葉が正解じゃなかったりもするんですよね。無理して言語に置き換えずに、なるべくそっとしときたい時ってあるんです。

稲葉　言葉がひとり歩きしちゃうことってありますよね。あまりフィットしなくて、仮の言葉を当てただけだったのに、それがお墨付きみたいになってしまったり。

大友　それが自分の音楽を縛ることもある。だから言葉にしたくないというのはありますね。わかりやすい例で言うと、「この曲は何を表現していますか」と聞かれて、「これはやさしさです」とか答えたら、次にやる時に「やさしく」と頭で思いながら演奏してしまって、曲の幅を狭めてしまう感じがします。

稲葉　聴き手が自由に感じたことでいいし、作り手が多様なものを含めていればいるほど、受け手も多様なことを多様なままに感じる裾野が広がるというか。

大友　それでいいと思うんだけどね。

稲葉　多義的な意味を持つシンボルってあるじゃないですか。これはこういうものだと決めつけてしまうと、一義的になってしまう。けれど、丸という図を見た時に、太陽を想像する人もいるかもしれないし、穴と思う人もいるかもしれないわけで、そこにはいろんな意味や可能性が含まれている。それがシンボルとして機能しているということになるのですが、意味を縛ってしまうとただの記号になってしまって、自由さが失われる。音楽も同じで、記号や宣伝になってしまうんだったら言葉でいいじゃないかということになる。あと、知らず知らずのうちに、受け手にさまざまな影響を与えていることもあると思います。

大友　もしかしたら、発している人以上にいろいろな情報を受け取っている可能性もありますよね。子どもと接するってそういうことでもあるなと思っていて。だから、学校の音楽で「この曲は楽しく歌って」みたいに言葉で方向というか答えを出しながら教えるのって、まずいんじゃないかなって思います。それはつまり、ある音に対応する記号を教えてしまうことですから。音楽教育を批判するつもりはないけれど、音楽教育ってそういうふうにしがちで、それは問題だと思っています。

稲葉　音楽に限らず、教育全般がそうなっている中で、音楽もその方式を当てはめているんでしょうね。開かれた場で、本人の自発性を尊重しながらやる音楽は、未来の教育のひとつのかたちとして、可能性のあるものだと思います。僕も大友さんが作っているような音楽の教育を受けたかったです。

大友　ひとりで作ることもできるけど、何人かでも作れる。自分とは違う考えの他者がいる場で、言語的ではないけれど、他者と何かをやらなきゃいけない状況を作るっていうのは悪くないなって思ってるんですよね。もっとみんな経験したほうがいいんじゃないかって。札幌国際芸術祭でやっているコレクティブ・オーケストラのワークショップは、小学一年生から高校三年生もいて年齢差があるんです。高三だと将来何になろうかとか考えてるくらい大人だし、小一なんてまだ人間になりたてですからね。でもそれがいいなと思っていて。今の子どもって同じ年齢の人に囲まれて育つように作られてしまっているんです。小六の子が高三の子よりすごい音楽をやっていてそれを見てびっくりしたり、小一の子が言うことを聞かなくなってくると高三の子が自然に面倒を見たり。そういうのって教えなくても自然とそうなるんですよね。それを見ていると、放っておいても人間関係ってできていくんだなって思います。

稲葉 昔の三世代同居じゃないですが、グループには多様な人がいたほうがいいですよね。

大友 はい。日本だとなかなか経験できないけど、言語が違う人とか、肌の色が違う人がいたりとかも、本当はあるといいですよね。

稲葉 大友さんは、その重要な入り口をやられているんじゃないでしょうか。二〇二〇年の東京オリンピックに大勢の海外の人がやってくる時、日本人って英語コンプレックスがあるので、英語が話せないからコミュニケーションできないと思い込んでいる人が多いと思うんです。でも本当に大事なことは言葉じゃない。そういうことを学ぶ機会として、音楽の中で協同作業していくのはとてもいいと思いますね。

大友 そうなっていくといいなって思いますね。もうひとつ〝親戚のおじさん〟として何年もかかわっていた、福島でやっている子どもたちとのミュージカルのプロジェクトがあって、毎週末行っていたんですよ。こんなふうに理想的なことばかり言いながらも、なかなか上手くいかないことも起こったりして。だんだんと子どもたちの中にヒエラルキーが出てきたり、いじめがあったりするんですよね。そういうのを目の当たりにすると、正直落ち込みました。

稲葉 学校の先生はこれに直面してるんだろうなと。

大友 ある閉じたサークルの中でしばらくやっていると、そういうことがどうしても起こっちゃうんです。

関係性を更新する「まれびと」の存在

稲葉 大友さんがおっしゃるように、時々やってくるおじさんみたいな役割をあらゆるジャンルに適用していくことが大事なんじゃないかと思っていて。

大友 うんうん、必要ですよね。

稲葉 僕がやっている在宅医療もまさにそういう世界で。介護って一対一で向き合ってしまっていることがよくあるんですよ。その関係性って、とってもきついんです。出口がないというか。多くの場合、子が親を看ているんですが、一番葛藤を抱えているのが親子の関係なんです。長い関係性の中で愛憎交じり合った感情がある。なのに、家の中という閉じたところにずっといる。そこに定期的に人が入って来たりすることも大事だし、関係性を取り替えることも大事なんじゃないかなと思っているんです。

大友 取り替える？

稲葉 仲のいい人のお母さんの面倒を看るとか、つまり実の親ではなくてお互いの親を取り替えてみたりすると、意外と上手くいくんじゃないかなと思うことがあって。自分の親だけを看ていると、どうしても関係が行き詰まってくる。育児も同じで、子どもをどなってしまうとか手をあげてしまうのも閉じた関係だから起きてしまうんです。大友さんがされているみたいに、全然関係ない人が定期的に入ってくるっていうのは、関係性を更新するためにもすごく大事なんじゃないかなと思います。

大友 そうですね。学校ってやっぱり閉じてしまうもので、一年間このクラスのメンバーでやらなきゃいけない。上手くいってればいいけれど、いってない子には苦痛でしかないですよね。

稲葉 あえて配列をぐちゃぐちゃに変えるみたいに、関係性を変えてみると、結構上手くいくような気がします。人間関係の問題は、その人の問題というより、単なる組み合わせや状況設定の問題であることが多いと思います。

大友 八十年代の話なんですけど、僕が東京の音楽シーンにやっと入り出した頃、ジョン・ゾーンというニューヨークのミュージシャンが東京にやってきて住み出したんです。世界的に注目されていた若手の即興演奏家だったので「本当に東京に住むの?」って驚いて。しかも日本語が上手かった。突然よそからきたおじさん的な感じで、津軽三味線の人と、現代音楽の人と、僕を一緒のステージに上げたりしたんですよ。事情を知っている人だと、それってできないことだったりするんですよね。いろんなしがらみがあったりして。でも、よそから来るとそれが簡単にできてしまう。しかも、ジョン・ゾーンはそれをわかってやっていたんですよ。僕は、今でも彼のおかげで八十年代後半の東京の音楽シーンが活性化したと思っているんです。よそから来る人って重要なんだなって。そこのルールを知らない人が今までとは違うことをやることで、その場が活性化するというのを目の当たりにした最初の例だったかな。

稲葉　まさに民俗学者の折口信夫《おりくちしのぶ》が言っていた「まれびと」に近い存在ですね。全然違う文化からやってきた人はまれびとで、何かよきものをもたらしてくれる存在だと考えられていました。全然違う文化の人が入ってくると関係性が変わると思うんですよね。それを大切にしましょうね、ということが日本のあちこちに残っている。それを恐れとして捉えてしまうと、排除するしかない。秩序を壊す恐るべき存在になってしまう。

大友 悪魔が来た、みたいなね。

稲葉 だけど、それは歓迎すべき何者かであると捉えるだけで、結果的に良くなるんです。

大友 前回の対談の時も、病気を排除するもの、闘うものとして捉えないとおっしゃっていたのと似た感じがしますね。

稲葉 どの視点で捉えるかという話なんですよね。敵と見るのか、仲間と見るのか。排除すべきものと捉えるのか、そこに意味を見出していくのか。狭い関係性の中で捉えるとたしかに災いのように見える。けれど、視点をずっと上のほうへ移動させて、枠そのものを大きく捉えてみる。たとえば、その現象が人の体全体で起きているという視点で見た時に、病気になったことである構造が組み変わったと捉えることができる。そうすると連鎖反応のようにして全体が変わらざるを得なくなる。そうした時、そのエネルギーを良い方向へ向かっていくように働きかければいいんです。適切な水路を作るように。

大友 本当にそう思います、切実に。たとえば足の不自由な人がいたとして、その人はたしかに多くの人とは違うし、もしかしたら階段が上がれないかもしれない。そんな人の存在を面倒くさいから排除しようという社会と、その人も居られるようにとスロープを付ける社会とでは、社会の盤石さが変わってくると思うんですよね。個人の体にもそれはいえるということなのかなと。

稲葉　最近、一番ショックだったのは相模原の障がい者施設で起きた殺傷事件。犯行に及んだ本人は堂々と自分はいいことをやったと主張しているけれど、本当にずしんと落ち込んでしまいましたね。

排除する社会の考え方の根底には、たとえば、スロープを作らないといけないとか、施設を作らないといけないとか、問題がお金のことばかりで、そんな余裕はないということになってしまうんですが、これは考え方の問題なんです。弱者を排除せず受け入れられる社会というのは、誰かが声を掛けて手伝ったり、誰かが手を差し伸べさえすればいいことなんです。システム化しなくたって気づいた人がやればいい。ほとんどそれで解決する問題なのに、何かが足りないからできないんだとお金やハードの問題に置き換えて言い訳ばっかりしているように見えます。人の体をどう捉えるかというだけで、まったく物事が違ったように見えるのと一緒で、誰もが受け入れられる社会というのは、僕らがどういうふうに社会を作っていくのか、人間観や生命観そのものが問われている、ということなんだと思います。

医療界における「まれびと」

大友　ところで、医療業界における「まれびと」的な存在ってあるんでしょうか？

稲葉　僕はあえて大友さんやミュージシャンの方など、いろんな分野の方と交流するために、どんどん外に出ていかないといけないなと思っています。それは「近親憎悪」という言葉があって、近い人から言われると人ってすごく反発することがある。たとえば、医療業界の中で医師が医療のことを発言すると、ものすごく反発されるんです。「お前が偉そうに、どういう立場でものを言っているんだ」と。たとえば、それをミュージシャンの人が「これって問題ですよね」と言うと、「そうですね」と意外と聞く耳を持つんです。

大友　それはあるかもしれませんね。近ければ近い人ほど言われると腹立つもん。

稲葉　とくに医療は狭い世界なので、「あそこと一緒にするな」とか「あいつは違う」とか「あいつはそんな資格がない」とか、そういうことが絶対に起きる。でも、まったく違うジャンルの人に言われると、共通認識に立って、もっとより良くしていけるような効果があるんじゃないかなって思っているんです。

大友　あ、俺がまれびとにならなきゃいけないってこと（笑）？

稲葉　気づきましたか（笑）。でも、それはお互いさまです。

大友　医療の世界とミュージシャンの世界って、体が悪くなった時しか接点がないと思っていたし、全然関係ないと思っていたんです。でも、最近、東京都立小児総合医療センターの心療内科から問い合わせがあって一度会いに行ったんです。不登校とかで学校に行けなくなって、デイケアに通っている子どもたちと一緒に、音楽をやってくれないかという話で。一回目の話し合いの時は、子どもたちと会う前に、先生や医局の人たちとともに何をやっていくのかのコンセンサスを取りましょうと。先生たちもステップを踏みつつ、「まれびと」を受け入れるために動いているってことなんですね。

稲葉 何か違う力学で変えていくしかないんでしょうね。

大友 上手くいけば来年度から、本当にやることになるかもしれない。十年前の僕だったら、「そんなことできません」って言ってたんだけど、稲葉先生に会ったこともきっかけで、「やってみようかな」と思えたんですよね。僕が医療の世界で何ができるかはわからないけれど、おもしろいと思って声を掛けていただいたんだから、やってみようかなと思うようになりました。自分が役に立てるかわからないけれど、しんどそうな子どもたちが、ちょっとでもラクになるならいいかなって。それがのちの医療に少しでも役立つなら、やるべきだなって。

プロとアマ、その違いについて

稲葉 プロとアマの違いについて、僕も考えることがあるんですね。医療というと、限られた人たちだけがプロと呼ばれる。でも僕からすると、そういうプロ以外の力のほうが大きかったりするわけですよ。プロと称している人だからこそ、解決できない問題も山積していたりして。でも本来、体ってみんな持っているものですから、医療者としてはアマチュアかもしれないけど、全員当事者でもある。医療のプロじゃないんだから口を出すなみたいなことになるけれど、大友さんがやっている音楽も、プロとアマという分け方じゃない音楽を作ろうとされているじゃないですか。

大友 日本って、いつのまにかプロとアマってきっちり分かれる社会になったと思うんだけど、東南アジアとかに行くと全然分かれてないんですよ。田舎町に行くとトラックの運転手だったり農家のおじさんが集まってやっているガムランがすごかったりする。「これはプロでしょう?」って思うんだけど、お金を稼ぐためのガムランじゃなくて、村の儀式をやるためのガムランなんです。本来、プロとアマって明確に分かれていないんじゃないかな。もちろん音楽専門の人はいました。旅芸人とか宮廷の雅楽の演奏者とかね。だけどそれはごく一部で、その境界はあいまいだった

稲葉　と思うんです。でもある時から、「私は音楽なんてできません」っていう非専門家と、音楽で生計を立てている専門家に分かれてしまった。専門家じゃないとできない音楽もあるかもしれないけど、「そんなに分けなくてもいいんじゃないの？」とも思うんです。医療行為は資格があったりするから難しいのかもしれないけれど。体をメスで切ることは、通常であれば犯罪になるわけですが、医師免許があるから医療行為として認められている。そういう意味でのプロとアマの線引きは必要だと思うんですけど、線引きするほうが余計息苦しくなる点も多いと思っています。大友さんがやろうとしている音楽の中でもそういう構造をゆるやかに、なだらかにしようとしていますよね。僕もやりたいことはそういうことなんです。民間医療と呼ばれるものは、医師の免許がないからアマチュアかもしれないけど、すごい知恵と技を持っていることも多いわけです。自分の城に立てこもって権利を守るようなプロではなくて、誰とでも協力してやっていけるプロが本当の意味での〝プロの医療者〟であればいいなと思っています。

大友　音楽でも同じことのように思います。プロが単に自分の利権を守るみたいになっちゃうと違うなって。

稲葉　プロの医者として治療は専門的なことをやっていますけど、僕が将来目指したい医療というのは、もっとコーディネーターのようなことなんです。「あなたはこの民

間療法をやってみるといいんじゃないですか」とか「あなたは西洋医学で治したほうがいいですね」とか、医療を広く捉えてコーディネートするのが未来のプロの医者像になればいいなと思っています。そのためには、体や心、生命の深い理解に至る必要がある。だから、音楽の世界で似たようなことを率先してやっておられる大友さんの活動に、僕も励まされる思いです。

大友　音楽なんて、誰がやってもいいんです、本当に。

稲葉　さっきのインドネシアの人の話なんて、昔の日本でいうお祭りですよね。普段、田植えしてる人が祭りで神楽を舞ったり、笛を吹いたり。それは上手い下手の世界ではなくて、誇りを持ってやっているんですよね。

大友　そうそう。その人たちがいないとお祭りができないんですよ。

稲葉　そういう人って年に一度の祭りが楽しみで、祭りのために仕事をがんばっているっていう人もいますよね。

大友　健全な社会のあり方として、昔はそうだったと思うんだけど、それが日本では壊れてしまった。音楽は個人が聴くもので、しかも所有するものになっちゃった。でも本来、音楽は所有するものじゃなかったし、レコードやCDだけが音楽じゃないんです。

稲葉　所有する音楽はあくまでも一部ですよね。音楽全体の中の。

大友 人類史上、すごく変わった趣味ですよ、音楽の所有って。世界中の音楽を聴きたがるって。もちろんそれも素晴らしいなって思います。でもそれは音楽の一部でしかないんです。

稲葉 僕らも一旦、言葉を置いて、セッションしましょうか。次はお客さんがいるところでやってみたいですね。もっと気分が上がる気がする。

大友 何だかプロみたいなこと言ってるな（笑）。お客さんがいっぱいいるほうが絶対に盛り上がるんですよ、本当に。建前上は、お客さんが三人だろうが百人だろうが一緒だというけれど、やっぱりそんなことはないんですよね。でも時々奇跡のように、たった三人の前ですごいことが起こることだってあるから、手を抜けないんです。

稲葉 じゃあ、次はみなさんの前で、セッションをお披露目しましょう（笑）。

今日は本当にありがとうございました。とても楽しい話題が満載で、どれだけでも話が続きそうで。こうした医療や音楽の垣根を越えた対話が、何かいい方向へつながっていく小さな一歩になればいいですね。

大友 うん。きっとそうなると思う。

稲葉 今後、大友さんがどういう動きを見せていくのか、本当に目が離せませんし、とても楽しみです。改めて、貴重な時間を本当にありがとうございました。

大友 こちらこそ、ありがとうございました。

第三章

コール＆レスポンス

いま、お互いに一番聞きたいこと

ふたりの対談は、まったくもって話題が尽きることがない。時間の許す限り、あらゆることを問いかけては話し、また違う方向へ行ってはまた話し続ける。音楽家と医師であり、年代も違うふたりだが、そんなことはおかまいなしに楽しそうに話すふたりに提案してみた。「思う存分、聞いてみたいことをお互いに聞いてみませんか？」と。お互いの問いに、ふたりがそれぞれ真摯に答える。対談とは違い、じっくりと質問を咀嚼し、自分の思いを整理してから答える。互いの答えを事前に知ることはなかったにもかかわらず、ふたりの回答に共通点が浮かび上がってきたのは、偶然なのか必然なのか。最後に、ふたりの持っている膨大なコレクションの中から、好きなアルバムと本を選んでもらった。

From Inaba to Otomo

稲葉俊郎から大友良英へ10の質問

1．子どもの頃の自分に、今、伝えたいことは何ですか？

大友　むしろ、子どもの自分に、いろいろ聞いてみたい衝動にかられます。今の自分が、子どもの自分にはどう見えるのかを。きっと今の俺、アホに見えるだろうなあ。

もし本当に子ども時代の自分に伝えるチャンスがあるとしたら、おそらくその子の未来を変えてしまうと思うので、結局は何にも言えずに、遠くで見ていて「あ〜、もう、こいつ本物のアホ」とか、じりじりと思うだけかもしれません（苦笑）。

でも、そんなタイムスリップみたいなことはないと思うので「かつての自分であったかもしれない子どもたちに伝えることがあるとすれば」と考え直してみると、「いろいろあるけど、大丈夫！」ってことかな。

「何かを目指してもいいけど、何かになろうとしなくても全然大丈夫！」って言いたい気もするけど、あんまり言いすぎないほうがいいかな。

あとは自分以外に生きている人たちがいることや、一人じゃ生きられないってことも言ったほうがいいかなと思うけれど。でも、やっぱりそこまで言うのはやめておきます。

2. 人が死ぬということは、どういうことだと考えていますか？

大友　正直、いまだによくわからないし、慣れることもないんだろうなと思います。ただ居なくなるだけ。そして、体を構成していた物質は灰になったりして、やがてまた何かになってという循環を繰り返すことかなと、極めて即物的に考えていたりもしますが、一方で、残された人間にとって誰かの死は、本当に大きなもので、それをどう捉えていいのか、いつもよくわかりません。

ただただ大きな宿題が残されたように思うこともあります。自分の記憶に残っている限りは、居なくなるわけではないと思いたいし、もしかしたら魂のようなものが本当にあるような気もするし。

まあ、でも、あっちに行った人がこっちに帰ってくることがないってことは、よっぽどあっちの世界のほうがいいのかもな、なんて思ってみたり。あ〜、やっぱりわかりません。

3. もう一度人生をやり直せるとして、何になりたいですか？

大友　音楽をやりたいです。
自分には音楽しかないですから。人生をもう一度やり直そうが、やり直ししなかろうが、音楽をやっていたいです。

4. 今、一番知りたいことは何ですか？

大友　宇宙がどうなっているのか、極限の小さい世界はどうなっているのか、生命って何なのか、時間のこと、空間のこと。そういうことをすごく知りたくて、そんな本を時々、読みかじったりしますが、全然わからないや。
わからないけど、そんな本を読んで勝手に妄想するのは大好きです。それにしても宇宙がどうなっているのか知りたいなあ。誰か教えて。

5. 会ってみたい人（故人も含む）を教えてください

大友　会わなくてもいいけど、生で演奏を聴きたかったのは、まだ音響設備が整っていない時代、一九六〇年代以前の生のジャズの現場には行ってみたいなあ。エリック・ドルフィーやチャールズ・ミンガス、チャーリー・パーカーやセロニアス・モンク、チャーリー・クリスチャンなんかが演奏している現場に行ってみたかったです。

あとはですね、全盛期の夏目雅子さんとか山口百恵さん、赤塚不二夫さんも……。すいません、ただ単にファン心理です。

6. 好きな音楽と嫌いな音楽は何ですか?

大友　本当のことを言うと、今現在、世の中で流れている音楽の九割は苦手なんです。街で流れている多くの音楽は苦痛でしかなく、なので正直に好き嫌いを言ってしまうと友だちを失いかねないので、普段はあまり言わないことにしています。とはいえ一割も好きな音楽があるってことはむしろすごいことかと。

家で聴くのは、主に一九七〇年代中盤以前のジャズやロック、ポップス。それ以降のものは生で聴くといいなと思うけど、録音だとピンとこないものが多くて……。今の録音された音楽は、音楽の内容以前に、録音の音そのものが苦手なものが多いです。

今、好きなのは、録音では決して伝わらない、現場にいなければその良さが伝わらない、そんな音楽です。

7. 自分なりの健康法は何ですか?

大友　とくに何もやっていないのですが、あえて言うなら、よく笑うこと、おいしく食べること、楽しく生きることが健康法かな。あとは、薬のことを調べるのが好きで、漢方をつねに持ち歩いています。

対談でも話しましたが、鍼灸に通うようになって、偏頭痛が完治しました。西洋医療ではなかなか治らない頭痛をはじめとした痛みに、鍼灸は本当によく効きます。先生の力量や相性にもよると思うのですが、悩んでいる方は、ぜひ試してみてください。

8. 苦手なお医者さんのタイプは？

大友　威張っている人。というか、それは医者に限らずですが。この人なら体を預けてもいいかなって思える人でないと、イヤだなって思います。

9. 海外と日本の音楽の捉え方の違いって何ですか?

大友　国によって全然違うのですが、それ以上に、たとえば、ご近所のカラオケ好きのおっちゃんの捉え方と自分との差のほうが、国の差よりも大きいように思います。

　その上でですが、とくに欧州に行くと、自分たちのものとして音楽を捉えている人が多いなと感じます。でもそれはおそらく、日本では盆踊りを「音楽」として捉えることは少ないように、音楽といえば無意識のうちに西洋起源のクラシックやポップスをもとにした音楽を指すことが多いという、文化的な構造と関係があるように思います。

　かつて日常の中にあたりまえにあった、「盆踊り」とか「お経」とか「三三七拍子」が「音楽」とは認識されていないように、日本において「音楽」という概念は、最近輸入されたものですから。そのことを抜きに、単純に音楽の捉え方の東西を比べるのは難しいなと思います。

10. 音楽のプロとアマの違いとは?

大友 これも極めて近代的な西洋起源の発想のように思います。「盆踊り」にプロもアマもないように。

とはいえ、現実にはしっかりとあって、お金を稼いだり、食えたりするとプロと呼ばれたりするんだと思いますが、そのあたりはどうでもいいような気がしています。

専門家という意味でのプロフェッショナリズムには興味がありますが、僕としては「プロ」という言葉よりは、「職人」と言われたほうがうれしいです。職人的なあり方に憧れもあるし、そういう生き方が好きなので。

From Otomo to Inaba

大友良英から稲葉俊郎へ10の質問

1．子どもの頃の自分に、今、伝えたいことは何ですか？

稲葉　「大丈夫、まったく問題ない」ということ。

子どもの時は、悶々と人生のことを悩んでいました。とくに、同級生や同世代の人たちと、自分の関心とが圧倒的にずれていたので、自分がおかしいのではないかとよく感じていました。

ただ、今になって改めて思うのは、みんなはそれほど自分自身で感じて、自分自身の頭で考え悩んでいなかったのだ、ということです。悩み、葛藤する、ということは、自分自身で考えて、自分自身で岐路に立つということです。そして、その「ずれ」や「落差」を大切にしているということです。それは健全なことなんだと、大人になって改めて気づかされました。何も考えず悩まず、誰かの意見や大勢の意見に流されてしまえば、何も考えなくていいからきっと楽でしょう。でも、それは自分の感性や感受性を押し殺していることにもつながります。

自分は、自分自身とのずれからもとに戻すために、芸術をつねに必要としていました。自分自身とつながるために、自分のイメージの世界との対話として絵を描き、自分の感性との対話として音楽を聴きました。時間が空けば絵を観に行き、音楽を生で体感しに行き、芝居や展示に足を運びました。誰かの意見や感想ではなく、自分自身の目で見て、耳で聴いて、全身で体感することを大切にしてきました。そのことは短期的にすぐに効果を与えるものではありませんが、十年、二十年と経過して、少しずつ芽吹いてきているのを実感します。自分は命を助けてもらった恩を覚えているからこそ、恩返しとして医者になりましたが、大友良英さんを含めて、子どもの時に好きだった芸術家や音楽家の人たちとも交流を持つようになるとは夢にも思いませんでした。

人生で大切なものは、一日一日を大切にして生きる姿勢、そのものです。それだけを大切にし続けていたからこそ、今があります。生きているといろいろなことがありますが、それも含めてすべて生きているからこそ感じられることです。

人生は誰とも比較できません。比べる尺度や物差しなんて、存在しないのです。だからこそ、自分自身からずれないように自分とつながり、「違和感」を感じたらそれを大切にし、自分の人生と同じように相手の人生も尊重して生きることができれば、何も心配することはないのだと、子どもだった自分に伝えたいです。大丈夫だよ、と。

2．もう一度人生をやり直せるとして、何になりたいですか？

稲葉　漫画家です。

自分は子どもの頃、漫画ばかり読んでいました。あらゆる漫画家の方を尊敬していますが、とくに手塚治虫先生にはどれほど影響を受けたかわかりません。同時に、手塚治虫という圧倒的な天才の世界を垣間見てしまったおかげで、漫画家にはなれないと自分の限界を悟り、表現の世界で生きていくことに自信を失い、医者へと進路が向いた気もしています。

手塚先生は医師免許も持っていましたが、医師ではなく漫画の世界へと進まれました。自分は医師として働くなかで、現実と理想との狭間で苦しみながらも自分自身の生きる表現をしていこうと思っています。

ただ、漫画という世界は、自分自身で脚本を書き、出演者も描き、監督・脚本・役者の世界もすべてひとりで完結しないといけません。これほどあらゆる表現を駆使しながら全身全霊で打ち込む世界も珍しいです。まさに紙と鉛筆の世界。ＮＨＫ Ｅテレで不定期に放映されている漫画家・浦沢直樹さんの「漫勉」でも、そうした漫画家の方の創作の一端を垣間見ることができて、毎回食い入るように見ています。

人生をもう一度やり直せるなら、漫画の世界で、あらゆる哲学や思考実験、絵画表現を試してみたいですね。

表現の世界で生活している人たちは、自分自身の創作の泉と日々接していて、本当に尊敬しています。そうした方々の後ろ姿を見ながら、自分も誰かの真似ではなく、自分自身にしかできない表現をしたいと、つねに勇気をもらっています。漫画から、どれだけの生きる勇気や希望をもらったか、感謝してもしきれないほどです。自分は読み手として漫画の世界を支える側に回りましたが、もう一度生まれ変わったら、創造者・制作者として漫画の世界にかかわりたいです。

3. 今、一番知りたいことは何ですか？

稲葉　この宇宙の成り立ちすべて。

子どもの頃から、なぜ自分は生まれてきたのか、そもそも人間はなぜ生まれてきたのか、生命はどうやって生まれたのか、地球は、そしてこの宇宙自体はどうやって生まれたのか、ということをずっと考えていました。病弱だった時期も、暇さえあればそういうことを考えていましたし、授業中にもそういうことを考えていました。

学校の授業自体は、何か上っ面をなでているだけのようで満足がいかず、自分はその大元を知りたいのだ、ということをつねに考えていました。学校の授業でも、「そもそもなぜこうしたことを学ぶ必要があるのか、学ぶ意味をみんなで一年間くらい考えてから勉強したい」ということを先生に言って困らせたことを覚えています。そもそも、なぜこの教科を学んでいるのか、そのつながりが当時の自分にはまったく理解できませんでしたし、先生もそのことを明確に教えてくれませんでした。

ただ、今となっては、人間がなぜ生まれてきたのか、命とは何か、生きているとはどういうことか、そういう哲学的な問いに答える営みの部分として、学校で学んだ算数や歴史や国語や理科があったのだ、ということがわかります。教科書に載っている人たちは、それぞれが教科書に載ろうと思っていろいろなことを追求したわけではなく、自分自身が抱えた問いと正直に素直に向かい続けたからこそ、結果として歴史に残る仕事をされているのだと思います。そうしたことは当時の自分にはわかりませんでした。

そういう意味では、学校で学んだことはすべて、何かを知りたい、という探求の歴史そのものでもあります。多くの先人たちは死者となりましたが、そうした死者たちこそが学問や文化を作り、その一部を、今生きている人たちが受け継いでいる。それらはすべて当事者にとって、切実で根源的な問いから発している。僕は、この宇宙や、地球や、生命や、人類のことが知りたい。こうして奇跡的な生を受けながらも、なぜ戦争が続き、人々は否定し、疎外し合うことを続けているのか。人間の本質を学び、知り尽くさないと、その答えは得られないのかもしれません。子どもの時も今も、自分が知りたいと思っている根本は何ひとつ変わっていないのだ、と、書きながら改めて気づいて驚いています。

4．会ってみたい人（故人も含む）を教えてください

稲葉　故人でいえば、日本人だと手塚治虫、岡本太郎、武満徹、河合隼雄、井筒俊彦、南方熊楠《みなかたくまぐす》、葛飾北斎。海外の人だとジョン・レノン、レオナルド・ダ・ヴィンチ、ブッダ。一方的に尊敬して、大きな影響を受け続けている人たちです。

もうこの世界にいないからこそ、本や音楽や絵画でしかその痕跡が残されていないので、何か命を受け取るような態度で、詳細に読み込み、受け取るようにしています。自分の血となり、肉となり、人生の大きな支えになっています。こういう人たちに対して、恥ずかしい生き方はできないな、と自分自身を戒める存在として、つねに心の中にいます。

生きている方だと、村上春樹さん。春樹さんの小説世界が好きです。発売日が待ち遠しいのは、小学生の時の『週刊少年ジャンプ』以来、春樹作品くらいです。

春樹さんの世界は、現代の神話だと思います。日本にも世界にも数多くの神話がありますが、神話が「物語」としてしか表現できない世界を、村上春樹さんは現代の文体で表現している。だからこそ、国境を越えて多くの人の心に届くのでしょう。クラシックやジャズを聴き始める指南役となったのも春樹作品でした。読書する時に、小説やエッセイに出てくる音楽をかけながら読むのが習慣になりました。音楽は、そうして意識の深い場所や浅い場所をスイングしながら読み続けるための、素晴らしい導き手となり、伴走者となり

ます。新作が出るたび、そこに出てくる主旋律となる音楽を買うために、いつも中古レコード屋に走りますが、誰もレコードを買いに来ていないのを不思議に思います。

ただ、実際に会って何を話すのか、と言われると困るところです。小説はとことん読み尽くしているので、小説の話を聞きたいわけではなく、音楽の話をとことん伺ってみたいです。小澤征爾さんとの対談本である『小澤征爾さんと、音楽について話をする』（新潮社）で語られている内容も、超一流の音楽家と超一流の小説家から紡ぎだされる言葉の深度は圧倒的なものでした。村上春樹さんのレコードコレクションを、ひとつずつ聴き尽くしてみたいです。ちなみに、僕が住んでいる家の近くに小石川図書館があり、ここには二万枚近いレコードコレクションがあります。都内でも随一のレコード枚数です。二万枚すべてを聴き尽くそうと思い、毎週のように借りては聴き惚れ、音楽の素晴らしさを改めて感じ続けています。

5. 自分なりの健康法は何ですか？

稲葉　特定の健康法ではなく、あらゆる方法を、時と場合によって使い分けています。その中で、核になるのは自分自身と深くつながることです。

生きているだけで、そこには生命の働きがあり、そうした生命の深い働きを邪魔さえしなければ、自分なりの健康や調和が得られると思っています。命の全体性を保つ仕組みである自然治癒力は、自分の中で何かがずれていると作動しにくくなり、だからこそ、あらゆる方法論がこの世に存在しているのだと思います。そこに優劣はなく、自分自身に合っているものを見つけることが大事なことだと思います。

そういう意味では、絵を描くことが、自分にとっての健康法のひとつといえると思います。目を開けると、外の世界には無限に近いイメージが乱立しています。それに対して、目を閉じると、自分の中にあるイメージ世界とつながることができます。目をつぶらないと見えないイメージ世界があるのです。そして、そうした自分自身の奥底から湧き起こってくるイメージ世界を絵として定着させるのは、本当に子どもの遊びのように、時間や空間を忘れて、「無我夢中」（我を無くして夢の中）になれる大切な時間です。自分自身のイメージ世界と再接続すること自体が、心の調和や全体性にとって大切な行為だと思っています。

伝統芸能である能の稽古も自分にとって同じような意味があります。古式の身体技法として残っている「型」の世界を、自分自身の体で試しながら、その身体的な意味を暗号のように受け取って解読していく。自分自身の未知の感覚を開くための重要な手段のひとつとなっています。生まれてから今まで使っている体にも、まだ使っていない場所や働きがあったのかと、発見の日々です。未知なる自分自身との出会い、驚き、再発見していく営みこそが、自分自身でできる健康法になっています。

尺八演奏家で作曲家でもある中村明一《なかむらあきかず》さんに教わった「密息《みっそく》」という古来の呼吸法も(おなかを膨らませた状態で横隔膜だけで行う呼吸法)、暇さえあればしていますが、つねに自分自身の発見があります。既知のものとしてではなく、つねに未知のものとして体や心、命それ自体と対話していくことさえできれば、それは健康法といえるのではないかと思います。自分という存在のずれをもとに戻してくれる調和の力を、そこに感じるからです。

6. 稲葉先生にとって、おしゃれって何ですか?

美しいものに体で触れることです。自分は美しいものが好きです。それは自然でも建築でも音楽でも日用品でも……。そうした美しいものを第二の皮膚としてまとえるのがファッションだと思っていますので、衣服は何か自分を守ってくれるような気がします。おしゃれすることは無条件に楽しいです。

中学生の時、テレビ番組の「ファッション通信」を毎週見ていたので、ファッションデザイナーの方はみなさん尊敬しています。子どもの時、なぜ人間だけが裸ではなく衣服を着るのだろう、と考え始めて眠れなくなったことがあります。ただ、好きな衣服を身にまとうと、元気が出たり、勇気が出たりします。皮膚を含めて全身が喜んでいるのがわかります。衣服が体や心に与える影響は、極めて大きいと思います。

さまざまなシステムの中で、個人の自由や尊厳を失わないためにも皮膚感覚、肌感覚は重要です。ファッションは個人の独立、自由のためにもあると思っています。

7．一カ月間、完全に仕事から自由になれる休日をもらえたら何をしますか？

稲葉　山に登ります。大学時代にはまっていた時は、暇さえあれば登山に行っていました。お金がない時は、長野や山梨まで自転車で行っていたほどです。世界にも数多くの登ったことがない山がありますが、日本にも未知の山がたくさんあります。一カ月かけて、山にこもって、山を歩き続けたいです。

日本には四季があり、どの季節に行っても、すべて違う風景が見られることも山の魅力です。こう書きながら、ふとダイビングもしてみたいなという気がしてきました。深海の世界はまったく未知の世界ですし、見たことがない生き物と出会えるかと思うと、想像するだけでドキドキしてきました。

いずれにしても自分にとって未知の世界への旅や冒険へと向かいたいです。

8. 好きな音楽と嫌いな音楽は何ですか？

稲葉　好きな音楽は、聴くことで自分自身の発見がある音楽です。ちゃんとした音楽教育を受けたことがないので、クラシック音楽もすべてが未知の世界で、一人ひとりの作曲家の人生やドラマを知って音楽を聴き直しているところで、改めて感動しています。

ジャズも一人ひとり、人間くさくて好きですし、洋楽も邦楽も、ジャンルにかかわらず、その人自身に惚れこんでしまうと、すべてが好きになります。

嫌いな音楽は、体が自動的に拒否してしまうので近づかないようにしています。売ることと自体が目的となっている音楽には、作者が悪魔に魂を売ってしまったような気がして、嫌悪感を感じます。

改めて考えてみると、おもしろい音楽が好きで、おもしろくない音楽が嫌いなのだと思います。おもしろくない音楽とは、体がワクワク、ドキドキしない音楽なので、結局自分は体の感覚で判断しているようです。理屈じゃない、ということですね。

9．患者さんの好き嫌いってありますか？

稲葉　考えたことがなかったテーマですが、個性的な人が好きです。接する中で大変な面もありますが、苦労したぶんだけあとになって思い出す機会も多く、何か自分の成長の糧になっているのだ、と時間が経ってから気づきます。

嫌いな人は、患者さんかどうかということにかかわらず、失礼な人でしょうか。失礼というのは、礼義や礼節を失っている、という意味だと思うので、自分は礼儀や仁義を大切にしている人間なのだ、と書いていて気づきました。親しき仲にも礼儀あり、と言いますし。きっと距離感のことでしょうね。でも、自分は相手が好きとか嫌いよりも、人間すべてに興味を持ってしまう性質なので、好き嫌いの感情以上に好奇心のほうが勝ってしまうと思います。

10.「老い」をどう捉えていますか？

稲葉　変化です。

ブッダの洞察の根本に、諸行無常があると思います。常なるものはなく、すべてのものは変化する。この感覚を強く持っています。どうも、この自然はつねに変化して留まり続けることはない。そのスピードは相対的なもので、速く変化するものもあれば、ゆっくり変化するものもあるが、いずれにせよ、すべてのものは変化し続けている。無常とは、この自然界の前提なのだと思っています。自然を愛した日本の文学や美術にも、こうした変化することとそのものへの美意識を強く感じます。人間も自然の一部なので、老いも、人間が生まれた以上、必ず経験する変化のひとつなのだと思っています。

どうやら、人は生まれてから変化し続けることが前提になっているらしい。人はみずから変化しようと思わなくても、おのずから変化するようになっているらしい。

老いという、おのずから変化していく自分自身も、何か未知の自分自身と出会うようで楽しみです。子どもから大人への変化も、かなり楽しみました。

Music Selection

僕たちの好きな音楽
無人島に持っていきたいアルバムを5枚教えてください

●大友良英

この手の質問ってよくあるけれど、答えるのすごく難しいですね。そもそも無人島に行くこともないし、行きたいとも思わないんですけど(笑)。音楽がない世界なんて考えられないな。

でも、もし本当に無人島に行くことになってしまったら、たったひとりで生きていかなくちゃいけないし、心が折れそうな気がするので、そんな時に聴きたいものを中心に選んでみました。

それにしてもアルバムを五枚に絞るの、至難の業だな。バート・バカラックやエリック・ドルフィーも入れたかったなあ。ビートルズにジミヘンも……。『ジャズ大全集』とかロックのコンピレーションアルバムみたいな〝禁じ手〟を使って、いっぱい持っていっちゃおうかな。

●稲葉俊郎

僕は音楽が大好きです。

朝起きると音楽をかけ、仕事から帰ると音楽をかけ、自宅で読書をする時にもテーマにあった音楽をセレクトして、別世界へ没入していきます。

「無人島に持っていく」となると、「本当に無人島に音楽を持っていけるのか?」という、そもそもの疑問がグルグルと湧き起こり(電源はどうする?壊れたら修理道具はあるのか? など)、質問に答える前に胃が痛くなってしまいました(笑)。

結果的に、無人島のことは横に置いておいて、故人の音楽を中心に大好きな五枚を選ぶ、と勝手に方向転換して選んでみました。

僕は高校時代にレコードの音質の虜になりました。邦楽も、CDと同時にレコードも出しているミュー

ジシャンの方々の音楽を聴いていました。CD全盛の現代で、あえてレコードを出すというこだわりに、天邪鬼な自分との見えないつながりを勝手に感じ取っていたのです。

UA、エゴラッピン、ボニーピンク、サニーデイ・サービス、宇多田ヒカル、椎名林檎、松任谷由実、中島みゆき、山下達郎、井上陽水、長渕剛……。

レコードで聴いた音は、今でもまったく古びません。みなさんもぜひ、レコードの世界へお越しください！

無人島に持っていきたい
大友良英の音楽５選

ビル・エヴァンス&ジム・ホール
『アンダーカレント』

僕にとって最高の室内楽。10代後半で出会って以来、人生史上、一番繰り返し聴いたアルバムです。僕はあまり音楽を持ち歩かないし、移動中にイヤホンで聴くことも少ないのですが、これだけはいつも持ち歩いていました。

坂本 九
『ベスト・セレクション』

とくに「上を向いて歩こう」と「見上げてごらん夜の星を」は、気持ちがくじけそうな時に最高の、僕にとっては永遠のスタンダードナンバーです。作曲家の中村八大さん、いずみたくさん、あるいはテレビの劇伴をたくさん作られた山下毅雄さんといった方たちの仕事が、60年代に子どもだった自分の音楽的な原点だと思っています。

高柳昌行・阿部 薫
『集団投射』

もうこれを聴くだけで、血中ノイズ濃度がMAXになって、言葉になるような発想はどうでもよくなります。もう最高。誰にでもすすめられるようなもんじゃないですが、高柳昌行と阿部 薫、そして海外ではデレク・ベイリーやハン・ベニンクといった人たちが始めた即興演奏がなければ、僕は音楽の道に入っていなかったかもしれません。そのくらいとてつもなく大きな存在であり続けています。

武満 徹
『映画音楽選集 全巻』

テープ音楽、歌謡曲、現代音楽、雅楽、ジャズにサイケデリック……。こんなに自由にいろいろな音楽がひとりの作曲家と映画との化学反応の中から生まれ出てくることそのものが素晴らしいと思いました。自分もいつかはサントラをやりたいと思った大きなきっかけが武満さんの仕事です。無人島に流された今となってはサントラの仕事もできませんが、う〜〜ん、でもやりたいぞ。めっちゃやりたい。

大友良英
『連続テレビ小説「あまちゃん」オリジナル・サウンドトラック』

自分で作った音楽ではありますが、これを聴くと何だか自分でも元気になるので、無人島でサバイバルするにはいいかなと。

無人島に持っていきたい
稲葉俊郎の音楽5選

ジョン・レノン
『MIND GAMES』

ジョンの「Mind Games」は、聴くほどに染み込むマジカルな曲です。歌詞もすごい。ジョンの声が届かない時は、素直な感性を失っている時なので自分の状態を知る試金石です。「ヌートピア」は、ジョンとヨーコが建国した想像上の国（このアルバムの邦題は『ヌートピア宣言』）で、ヌートピア国民になる意思を表明すれば誰でもなれるので、高校生以来、自分は日本とヌートピアの二重国籍です。

ニーナ・シモン
『Nina Simone and Piano』

ソウルフルとは、ニーナ・シモンの歌声を聴くたびに溢れ出る感覚。マインドフル、ハートフル、ソウルフル。この3つの語感がすべて異なるのもおもしろい。歌声も地鳴りのような波動で素晴らしいんですが（ささやき声も鳥肌もの！）、ピアノもすごい！　どのアルバムも素晴らしく、はずれなしですが、このアルバムはとくにおすすめで悶絶します。ジャケットも、よく見ると発見があります！

ローランド・カーク
『Volunteered Slavery』

高校の頃、ジャズの森を彷徨中、マイルス・デイヴィスとローランド・カークの音色にぶっ飛び、意識がめくれ返りました。カークは目が不自由なので、楽器を首からぶらさげ、音を瞬間的に出すため、鼻からも楽器を吹きます。自由自在で融通無碍。循環呼吸をしているので息が途切れず、聴いているこちらが気絶しそうに。まさに魂の叫び。音楽の楽しさ、自由さ、奔放さの体現。動画でもぜひ！

バッハ
『マタイ受難曲』カール・リヒター指揮

尊敬する武満 徹さんとも縁が深い曲です。武満さんが新曲を作る時は、禊《みそぎ》のようにマタイ受難曲を聴いて取り掛かっていたとか。武満さんが亡くなる2日前、大雪を懸念して奥様がお見舞いに行かなかった時、偶然ラジオからマタイ受難曲の全曲が流れたという不思議なエピソードも。レコードで聴いていると、バッハと武満さんの気配を感じて魂が震えます。特別にして神聖なすごい曲。

ドヴォルザーク
『交響曲第9番 新世界より』
フリッツ・ライナー指揮、シカゴ交響楽団

クラシックをまともに聴いたことがない自分が、ドイツに行った時にベルリン・フィルの生演奏で「新世界より」(サイモン・ラトル指揮) を聴きました。音の波が全身を包み込み、寄せては返す何層にも重なる音の波の衝撃。その後1カ月は寝ても覚めても頭の中で「新世界より」が流れ続けているほどで、永遠に忘れられません。あの体験以来、クラシックの虜です。体験に勝るものはありません。

Book Selection

僕たちの好きな本

無人島に持っていきたい本を5冊教えてください

●大友良英

子どもの頃は漫画ばっかりで、活字の本はまったく読みませんでした。活字が好きになったのは思春期あたりから。学生時代はポストモダンが大流行りの頃で、世界がどうなってるかを知りたくて一生懸命、思想や哲学とかの難しい本も背伸びして読んだけど、あまり身になってないなあ（苦笑）。

結局繰り返し読むような愛読書は、その後も漫画やエッセイ中心でした。なので無人島にもそんな本をメインに。無人島には持っていかないけど好きな本ってことだと鶴見俊輔さんかな。あとはごくごく最近読んだ本だと岸 政彦さんの『断片的なものの社会学』がおもしろかったなあ。

●稲葉俊郎

本の中に漫画を入れるかどうかで、大いに迷いました。なぜなら、僕は大学に入るまで失読症に近いくらい、活字の本が読めなかったからです。読んでも読んでも、意味が脳からこぼれおちていくような感覚でした。

高校生までは、漫画で歴史も国語も哲学も学びました。東大に入ってからは、みんなが夏目漱石や三島由紀夫、ドストエフスキーの話をあたりまえにしていたことに衝撃を受け、読んでいるふりをしてみんなの話に相づちを打ちながら、その裏ではみんなに追いつこうと、必死で活字をむさぼり読むようになりました。そこからだんだんと、本の魅力にとりつかれていったのです。

だから僕は、青春期には漫画しか読んでいません。

本当に絵しか頭に入って来なかったからです。でも、そのことが自分の基礎を形作っています。豊かな漫画文化にあふれた日本に生まれていなかったら、自分は果たしてどうなっていたのか、よくわかりません。漫画家の方々には本当に命を救われたと思っています。

仕事でイヤなことがあった時、その気分を引きずりながら眠りたくないので、いい夢をみるために一行だけでも本を読んで寝るようにしています。レコードと同様、本もこの重さが大事なんだと思います。重くてかさばり、手が掛かるからこそ、かわいいし、愛おしい存在なのです。

無人島に持っていきたい
大友良英の本５選

殿山泰司
『三文役者あなあきい伝 Part1・Part2』（ちくま文庫）

僕のバイブル。最も繰り返し読んだ本。単に中身だけでなく文体も好きで、その背景にある思想も大好きでした。フリージャズが好きになり、世界中を旅するような人生になった背景には、この本があったんだと思います。戦前の何者にもなれずにいる青春期から戦中の中国での従軍体験、戦後、担ぎ屋をやりながら徐々に映画の世界に入っていく話は、本当におもしろく、みんなに読んでほしい。

手塚治虫
『火の鳥 全9巻』（朝日ソノラマ）

無人島で生きるのに勇気づけられるかと。それとも水木しげるの妖怪もの、いっそのこと本当に南の島でサバイバルした水木しげるの戦記ものにするか。いや、赤塚不二夫の『天才バカボン』、ちばてつやの『あしたのジョー』、ほかにも……ってキリがないな。この時代の漫画もまた、歌謡曲同様、子どもだった頃の無防備で無意識な脳髄に、ナパーム弾のごとく飛び込んできたもので、もう抗し難く自分の原型になっているのです。

池波正太郎
『剣客商売』(新潮文庫)

もう、何も考えずに江戸の世界で遊ぶのには最高のエンターテインメントです。かつて秋山小兵衛のような老人になれればと密かに思っていたのですが、そろそろ小兵衛の年齢に近づいてきて、はっきりと無理だと自覚しました。いやもうほど遠すぎて……修行が足りなかったなあ。

田中克彦
『ことばと国家』(岩波新書)

この本に書かれている「ことば」に対する田中先生のリベラルな視点こそが、僕のさまざまな発想の原点です。うろ憶えですが、生物学者は、カブトムシが偉くて、カナブンは下みたいな発想をしないように、言語学者はことばに上下をつけない……は名言。きっとこれからもこの本を繰り返し読むんだろうなと思います。

『ジ・オフィシャル・クレージーキャッツ・グラフィティ』(トレヴィル)

クレージーキャッツの写真集なんですが、これを見てるだけで元気になるんです。「いろいろあるけど、まあ、なんとかなるか」って感じで。無人島でも、きっとこの本を見てると元気出るんじゃないかな。ってか、無人島を、ふたたび人が暮らす賑やかな街にしてやるぞ！　という高度成長期的な発想になっちゃったりして（笑)。

無人島に持っていきたい
稲葉俊郎の本5選

井筒俊彦
『意識と本質』（岩波書店）

井筒先生を心から尊敬しています。哲学書で難しいんですが、毎年必ず読んでいます。毎年読むたびにわかるようになっている気がします。自分の成長を感じます。井筒先生のテキストを読むたびに、最高峰の知性に触れ、一対一で家庭教師をしてもらっている気になり、至福の心地がします。この本にすべてがあると思いますし、自分が医療で行っていることの最終到達点のような気がしています。

村上春樹
『ねじまき鳥クロニクル』（新潮社）

物語の考え方、プロとしての仕事の仕方、音楽の考え方など、すべてが自分にとって大きい存在です。ひとつの指針にしています。どの小説も長編も短編もエッセイも大好きですが、『ねじまき鳥』を読んだ時は、自我がとろけて消えてしまうくらい物語世界に没入しました。物語世界に出てきたレコードを聴きながら読むと、さらに深い世界へ入り込めます。

河合隼雄
『昔話の深層』（福音館）

医者としての職業倫理は、すべて河合先生から学びました。『影の現象学』『ユング心理学入門』『昔話と日本人の心』など数知れないほど名著がありますが、とくにこの本が大好きです。河合先生のおかげで、「物語」「神話」「昔話」の見方が変わり、文学作品を深く味わうようになりました。河合先生からは多くの宿題を受け取っているような気がしています。果てしなく懐の広い巨人です。

加藤周一
『日本その心とかたち』（徳間書店）

ここまで知的レベルの高い教養人がいるのかと、本を読むたびに思います。偉大な東大医学部の先輩です。この本は、縄文に始まる日本美術を加藤さんの視点で縦横無尽に語っていて、美術も同時に見られて素晴らしい本です。手元に置いてよく眺めています。高畑勲監督と加藤周一さんの対談も刺激的です。美術書をどれか選びたいと思い、岡本太郎さん、横尾忠則さんと最後まで迷いました。

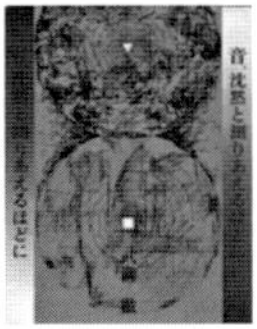

武満 徹
『音、沈黙と測りあえるほどに』（新潮社）

武満さんの美しく音楽的な文章も好きで、定期的に読み直します。新潮社のハードカバーで出ているシリーズ（『時間の園丁』『遠い呼び声の彼方へ』など）は古書でしか買えないからこそ、本というもの自体の美しさやオーラを感じます。武満さんの抽象度の高い音楽、もの作りの姿勢、美術や音楽への考え方、美しい文章、すべての表現を同じ次元で捉えているのがわかり、つねに仰ぎ見る存在です。

おわりに

大友良英さんのことは、フリージャズやノイズ・ミュージックで世界的に知られている存在として、学生の頃から存じ上げていました。ONJO（Otomo Yoshihide's New Jazz Orchestra）によるエリック・ドルフィーの『アウト・トゥ・ランチ』のカヴァーには本当に衝撃を受けました。日本人でここまで果敢に独自の世界を構築している人がいるのだ、と。

その大友さんが震災後、「プロジェクトFUKUSHIMA！」をされたり、連続テレビ小説「あまちゃん」の音楽を作られたり、全方向へとさらに活動が拡張し続け、あらゆるものを受け止めていく懐の広さに勇気づけられていました。

自分は、医療者として震災後の福島にかかわっていましたが、3・11は自分の土台を大きく揺さぶり、このままでは現代医療もダメになってしまうと強く思うきっかけとなりました。自分なりに受け取ったこととして、自分の言葉で勇気を持って表現していく必要性を感じたのです。

それ以来、求められた場で体や心、命に関する自分の考えを話すようになりました。それは、次の世代により良い医療を受け渡していきたいと、強く切実に心の底から本気で思ったからです。

今回、写真を撮っていただいた写真家の齋藤陽道さんとの出会いも、そのことと関係があります。

震災後、対話の場を広く開いていこうと思った矢先、とある古民家で一般向けに初めて話をさせてもらいました。ほとんど広報もしていないのに、陽道さんはどこからともなく聞きつけてやってきたのです。事前にメールが来ました。「耳が不自由なのですが、大丈夫ですか？」と。自分は「もちろんです。体の話なのですから、そういう方にも大丈夫なように準備をしますよ」と伝えました。そのあと、目が不自由な方からも同様の連絡を受けました。

そのため、スライドや話をすべて作り替えることにしました。耳が不自由な方向けに、スライドはビジュアルを駆使し、文字で説明を入れる。目が不自由な方向けに「図を見てください」ではなく画像を言語で克明に説明する。飽きないように音声に抑揚やリズムを加え、話に音楽の要素を取り入れる。自分の話は情報量が多いとよくいわれますが、会場の中に目や耳が不自由な人がいることを想定し、そういうスタイルになったことが理由でもあります。登山の時は、ペースの遅い人に歩調を合わせるのが当然ですから、体が不自由な人を中心に歩調を合わせるようにしたのです。

それからというもの、プレゼンテーションのスライドに文字を添えている時に、ふと陽道さんの笑顔と困っている顔が同時に浮かぶことがあります。プレゼンテーションが独りよがりにならないように、五感を総動員して伝えるようになったのは彼のおかげでもあります。
陽道さんに、対談の写真を撮ってほしいと依頼したら快く受けてくれて、本当に感謝しています。陽道さんの写真にはつねに静寂さが、ひとつの基調低音として流れていて、こんなにも世界は静かで神話的なのか、と感じさせてくれます。〝静寂（サイレンス）〟は、写真にたしかに写るのです。それは、彼の身体感覚が生んだ感性なのかもしれません。陽道さんにしか見えてない世界を、写真を介して僕らに提示し共有してくれる存在なのです。

そうした活動の中で、尊敬する野村萬斎さんの舞台『MANSAI 解体新書 その弐拾六』（二〇一六年）に、大友良英さんと一緒に出させていただく機会を得ました。初めてお会いした大友さんは、満面の笑顔で照れくさそうにしていて、人柄の良さがにじみ出ていました。話をしてみると、とにかく正直で素直で、それでいてとても知的で、お客さんには、子どもでもわかるシンプルな言葉で話されていました。自分と話している時も、言ったことすべてを受け止めて話されます。大友さんと話しているだけで自分の心のスペースがグンと広がって自由になる、そんな大きな方でした。公演後にも長い時間話をしましたが、この人は本物だ、と何度も思いました。そして、本当に自分自身に正直に生きている人だ、とも。

その後、大友さんからお誘いいただいて出演した、「SWITCHインタビュー 達人達」は、二〇一七年三月十一日に放映されました。大友さんも自分も、大きく変わってしまった3・11という日であったことは、必然だったのだと思います。テレビの場を借りて大友さんと深い対話をさせていただき、さらにもう一度話をする機会を得てこうして書籍化までされたことに、不思議な縁を感じます。こうした縁は、自分が「Otomo Yoshihide」の名前を知った頃から決まっていたことなのでしょうか。震災後に被災地で必死に手伝いをしていた時に、決まっていたことなのでしょうか。

3・11は大変な事態でしたし、今でもその問題は解決していません。だからこそ、いろいろな人が、立場や分野を越えて知恵を出し合い、協力し合う時代が来ているともいえます。人の体は、さまざまな臓器が役割分担をして、ひとりの人間という生命体の命を形作っているように、自分もそうした全体の役割分担の中で、医療という専門分野に従事しているのだと思っています。探し物は、ひとりで探すより、みんなと探したほうが早く見つかるように、いろいろな人と答えを探していけばいいのだと思うのです。だからこそ、音楽家と医療者という立場は違えど、我々が対話することによって、さまざまな問題を解決する糸口があるのだと信じています。

大友さんと長きにわたって対話をさせていただいた時間は宝物です。世界的なミュージシャンである大友さんと、楽譜も読めない素人の自分が即興でセッションさせていただいたことも奇跡です。本当にありがとうございました。

この本は、大友さんとの対話を核としていますが、いろいろな方々の共同作業でできあがっています。番組を作っていただいた、NHKエデュケーショナルの高瀬雅之さん、西條暢高さん、東京ビデオセンターの中村芙美子さん、ディレクターの玄 真行さんをはじめとした多くのテレビスタッフの方々には、素晴らしい番組を作っていただき本当に感謝しています。

この書籍に関しては、デザイナーの木村 豊さん、写真家の齋藤陽道さん、編集の藪下佳代さん、アノニマ・スタジオの浅井文子さん、素晴らしく美しい本を作っていただき、本当にありがとうございました。こうしたさまざまな人との出会いが、触媒となり、いい化学反応を起こしていくきっかけとなれば、こんなにうれしいことはありません。

この本の準備中、子どもが生まれました。妻の陣痛が始まった時は熊本にいたので、急いで東京に戻りましたが、羽田空港で偶然、大友さんと会ったのです。そして、一緒に品川まで電車に乗りながら、この世ならぬほど美しい虹を目撃したのです。そうした不思議な体験も、生命や本の「誕生」という吉兆と関連があるのかもしれません。美しい虹は、今の向かうべき方向性を後押ししてくれたような気さえしました。

星の数ほどある本の中から、この本を手に取っていただき、最後までお読みいただき、本当にありがとうございました。これをお読みのあなたとも、未来に残るよきものをともに創り上げていく仲間になれればと思います。

稲葉俊郎

デザイン　木村 豊（Central67）
写　　真　齋藤陽道

画像提供　NHK エデュケーショナル（P17・61・71・83・121・201）
D　T　P　川里由希子
編　　集　藪下佳代
浅井文子（アノニマ・スタジオ）

見えないものに、耳をすます　―音楽と医療の対話―

2017年9月6日　初版第1刷　発行

著　　者　大友良英・稲葉俊郎
発 行 人　前田哲次
編 集 人　谷口博文
アノニマ・スタジオ
〒111-0051
東京都台東区蔵前 2-14-14 2F
TEL 03-6699-1064
FAX 03-6699-1070

発　　行　KTC 中央出版
〒111-0051
東京都台東区蔵前 2-14-14 2F

印刷・製本　株式会社廣済堂

内容に関するお問い合わせ、ご注文などはすべて上記アノニマ・スタジオまでお願いいたします。
乱丁本、落丁本はお取り替えいたします。本書の内容を無断で複製、複写、放送、データ配信などをすることは、
かたくお断りいたします。定価はカバーに表示してあります。

ISBN 978-4-87758-768-0 C0095

アノニマ・スタジオは、

風や光のささやきに耳をすまし、
暮らしの中の小さな発見を大切にひろい集め、
日々ささやかなよろこびを見つける人と一緒に
本を作ってゆくスタジオです。

遠くに住む友人から届いた手紙のように、
何度も手にとって読みかえしたくなる本、
その本があるだけで、
自分の部屋があたたかく輝いて思えるような本を。